我 思 故 我 在

熵减法则

万物生存的终极规则

何圣君 著

ENTROPY
REDUCTION'S LAW

·北京·

内 容 提 要

一切生命如果不向外吸收能量，就会慢慢衰弱，直至死亡，这是熵增。熵增让所有事物都在向着无序发展。熵减是熵增的对立面，让一切无序变成有序，促使世界上所有的生命走向有序。本书从认知负熵、情绪负熵、财富负熵、身体负熵、沟通负熵、行动负熵六大维度，帮助读者构建熵减的生活方式，对抗无序的人生。

图书在版编目（CIP）数据

熵减法则 / 何圣君著. -- 北京 : 中国水利水电出版社, 2022.7

ISBN 978-7-5226-0811-2

Ⅰ. ①熵… Ⅱ. ①何… Ⅲ. ①管理学 Ⅳ. ①C93

中国版本图书馆CIP数据核字(2022)第118381号

书　　名	**熵减法则** SHANGJIAN FAZE
作　　者	何圣君　著
出版发行	中国水利水电出版社 （北京市海淀区玉渊潭南路1号D座　100038） 网址：www.waterpub.com.cn E-mail：sales@mwr.gov.cn 电话：（010）68545888（营销中心）
经　　售	北京科水图书销售有限公司 电话：（010）68545874、63202643 全国各地新华书店和相关出版物销售网点
排　　版	北京水利万物传媒有限公司
印　　刷	天津鑫旭阳印刷有限公司
规　　格	146mm×210mm　32开本　9印张　200千字
版　　次	2022年7月第1版　2022年7月第1次印刷
定　　价	49.80元

前言

“一起有策略地利用概率对抗熵增，成为更好的自己！”

你知道吗，有一种神奇的力量，推动你看到了这行文字。这也说明，你人生的蜕变从此刻正式拉开了序幕。

这是为什么呢？这要从一个宇宙终极定律——“熵增定律”说起。熵代表一种无序程度；熵增表示这种无序在不断累积；而熵增定律则被人们称为物理学界最可怕的定律，没有之一。因为它意味着一切都在从秩序走向混乱。熵增定律认为，在孤立系统中，如果没有外力做功，那么整个系统就会退化为死气沉沉、毫无生气的一团物质。对个人来说，熵增定律在我们身上出现的条件也一模一样。第一，孤立系统：每天的工作和生活是两点一线；第二，没有外力做功：缺乏“外界能量”输入做功。

在过去很长一段时间，我曾和你一样，每天上班、下班，回家玩游戏、看小说、追剧，没有太多压力，也没有太多动力，活得随波逐流，沉溺眼前的安逸。但人总会觉醒，突然有一天，你发现这根本就不是你想要的人生，可当下的你对此无能为力。如果你感受到了这份痛楚，那么你是幸运的。为什么？因为此时的你就如同《黑客帝国》中的尼奥，选择吞下了红色的药丸，从此可以看到“真实的世界”。不过真实的世界又是残酷的，你虽想打破孤立系统，却苦于没有方向；你在职场受了委屈，却依旧选择内卷，只因焦虑35岁危机；你想努力精进，却敌不过惰性，结果总是让自己大失所望。以上这些，我都经历过。

面对熵增定律，物理学家薛定谔说：没人能逃过熵增，但高手懂得对抗，生命以负熵为生。负熵的实现也有两个条件：第一，打破封闭系统；第二，引入外部力量做功。比如在凛冽的冬天，房间里很阴冷，但因为你的床上有电热毯，电热毯的电线与电网相连，引入了外部电能做功，这才让你的被窝格外温暖。假设地球在宇宙中流浪，那它本身仅是个冰疙瘩。但实际上，在太阳引力的作用下，地球每时每刻都在相对合适的距离公转运行，受到太阳辐射热能滋养。久而久之，这颗星球逐渐有了生物繁衍，万物生长。

电热毯安全发热因智慧与设计而来，地球生命的诞生因巧合与运气而来；前者是策略，后者是概率。策略与概率将作为本书重要的关键词，在后面的内容里高频出现。

为了帮助你有策略地对抗熵增定律，通过概率成为更好的自己，我根据自己践行得出的反馈和结论，把本书的脉络按顺序梳理为认知负熵、情绪负熵、财富负熵、身体负熵、沟通负熵和行动负熵六个部分。

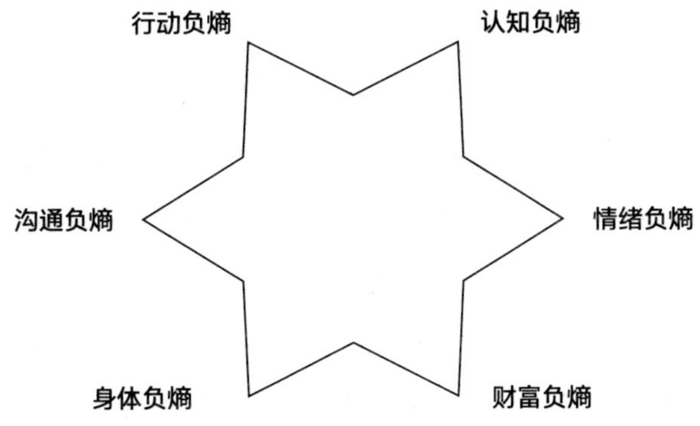

· **认知负熵。** 认知负熵既是实现整体负熵的起点，也是帮你确定成长方向终局模样的终点。你可以想象一下，当一只空碗里放入一颗小钢球，钢球虽然会在自由落体后在碗中开始做阻尼运动，但它最终会被引向重力的方向。而很多人之所以迷茫，对自己的现状不满意，本质上是没有想明白自己“重力的方向”到底应该在哪里。而有些好不容易找到自己人生目标的伙伴，又不擅长把大目标拆解成每月、每周、每天的小目标和落地行动；在面对选择时，也没有到底该怎么做选择的成熟范式；对自己的精力、时间、注意力的分配毫无策略；没有胜率、赔率、下注比率的意识；更别说有每次行动后反思和调整的习惯了。所以，在这一章节，我会分别用北极星思维、选择思维、策略思维、概率思维和复盘思维等思维模型来协助你解决这些问题。

· 情绪负熵。你一定听过情商这个词，但很多人都对它有误解。事实上，情商不是很多人想当然以为的“情商就是会说话”，它本质上是一种情绪智力，也是一个人对自己、对他人情绪的感知、认知和管理水平的体现。有人很有天赋，能很快从焦虑、抑郁、愤怒等情绪熵里恢复过来，但更多的人则需要从头学习。我自己尽管属于“更多的人”的那部分，但是通过修炼，我已经把大量读书后经过实践检验的有效方法浓缩成知识结晶，帮助你了解我们为什么会陷入情绪；面对35岁危机，我们该怎么办；作为人生游戏中的玩家，要怎样在韧性、招架和抗性属性上增加技能点来抵御情绪熵；遭遇瞬时情绪暴击后，有什么实用的应对策略。在章节的最后，我还会送你一个为你精心准备的“情绪遥控器”，帮助你尽可能地去靠近情绪自由。

· 财富负熵。财富负熵是有策略对我们个人的财富做功，是撑起我们整体负熵的重要支柱。它的目标不是让你赚到几辈子都花不完的钱，而是让你通过厘清思路找到路径，通过概率思维和前人验证有效的策略，让你在财务方面拥有稳健的正现金流，从而在现实与价值观发生冲突时（比如周围一堆同事陷入职场内卷不得不加班表演给领导看时，你却可以潇洒地下班走人），拥有“不想干什么时就不干”的底气。这些财务策略能让你站在华尔街大师们的肩膀上，通过定目标、选路径，认识历史、认识自己、认识周期、学会资产配置、建立梦之组合、理解交易系统，战胜人性中的贪、嗔、痴、慢、疑，用提升财务认知的方法和策略来提高投资赚钱的胜率。如果你初次接触投资，可能会感到有些难，但请你相信：路虽远，行则必至；事虽难，做则必成。

· **身体负熵**。身体负熵是另一个重要支柱。尤其在我们年龄见长后，我们会越来越发现它是一串0最前面的那个1，没有这个1，再多的0也还是0。所以，虽然身体衰老，走向熵增不可避免，但本章的目标是以“吃、动、早、睡、冥”（吃喝、运动、早起、睡眠、冥想）这五种不同的身体负熵策略，去延缓衰老的到来。

· **沟通负熵**。认知、情绪、财富、身体，这些都是我们与自己的关系；沟通负熵则要解决我们与别人的关系。为了能实现社交自由，让自己在处理与别人的关系时游刃有余，我们还需要践行沟通负熵，把沟通的摩擦成本降到最低，从而尽可能去实现彼此的共赢。在本章中，识人式沟通、谈判式沟通、结构化沟通、选择式沟通以及最后的非暴力沟通，都是我亲测有效、能让你在沟通场景中拥有高概率获益的优选策略。

· **行动负熵**。《高效能人士的七个习惯》的作者史蒂芬·柯维曾说，任何事物的达成都会经过两次创造，一次在头脑中，一次在真实世界里。在最后这一章，为了让你不仅仅是前五章知识的观光客，也为了把这些知识内化成你自己的东西，将它们在你的真实世界里创造出来，你必须通过行动落地。因此，我将手把手和你一起践行鲁莽法则、动机法则、行动法则、首步法则和涌现法则，陪你负熵前行，最终一步步接近你想要成为的样子。

本书是《熵增定律》的姊妹篇，也是熵增定律从原理理论到应用实践的场景化落地。事实上，《熵增定律》作为我的第四本出版物，自发行以来受到了数万读者的好评反馈。大量读者开始践行“生命以负熵为生”，认为“价值远远大于价格”。

这些反馈触动了我，给我注入了能量，让我继续动笔，决心更系统地以“个人需求”为主要场景，以拆解和厘清“个人践行负熵”为目标，尽可能帮助读者在阅读与实操后，能生活过得更好，在个人成就领域能拿到结果。为此，我依旧每天5点起床写作，通过打破封闭系统，引入大量外部能量（书籍、经验、他人智慧）做功（践行在生活和工作中），最终把这些实践的体感和反馈成果按照以上六大维度梳理成你正在阅读的这本书。

最后，我想再次与你分享我在《熵增定律》中的金句：改变的本质，是创造新经验代替旧经验。创造新经验需要用新方法，获得新反馈、新强化，并切身体验它。

如果你是《熵增定律》的老朋友，那接下来让我们再次开启一趟学习之旅；如果你是新朋友，那请允许我向你发起邀请：“很高兴认识你，我是何圣君，我们这就出发，一起有策略地利用概率对抗熵增，成为更好的自己！”

目　录 CONTENTS

第四章 身体负熵：五大延缓身体熵增的途径

第六章 行动负熵：实现人生熵减的终点

第一章
01

认知负熵：
实现人生熵减的起点

认知负熵是实现整体负熵的起点，《高效能人士的七个习惯》的作者史蒂芬·柯维曾说，任何事物的达成都会经过两次创造，一次在头脑中，一次在真实世界里。这一次，我们先在头脑里做一次负熵。

北极星思维：将目标拆解成可执行的步骤

北极星是地球上空几乎正对着地轴的恒星，即使地球不停地自转，迷途的旅人只要在晴朗的夜空抬头望天，就能通过北极星找到自己要走的路。而北极星思维是在认知上理解和找到你的目标（北极星），从此，让你在人生旅途中不再迷路，每一步都有目标。

你要去往哪里

美国耶鲁大学一项针对毕业生的长期调研显示，有3%的学生在尚未毕业时就给自己拟订了清晰的人生目标。25年后，耶鲁大学进行调查回访的结果显示：

27%没有目标的毕业生，生活不如意，内心充满抱怨。

60%有目标但模糊的毕业生，成为社会中下层，虽生活安定，但无特别成绩。

10%有短期清晰目标的毕业生，成为社会中上层人士，且短期目标达成概率很高。

3%有长期清晰目标的毕业生，几乎都成为社会中的精英人士或商界领袖。

你希望成为以上四类人中的哪一类？你现在是以上四类人中的哪一类？先别着急回答，我们继续往下看。

以前有一句话：种一棵树，最好的时间是10年前，其次是现在。但你可能会说，我的确想种一棵树，但我目前更头疼的是到底要种哪棵树？

其实，哪怕你目前的状态属于60%的那群人，甚至27%的那群人，但只要你每天愿意花时间去思考，不断去接入开放系统做功，比如读书，哪怕刷刷短视频，去看看别人的生活或者工作状态，或许也会有某个“我也好想这样”的顿悟时刻。

有一次，我在阅读《刘润对谈华杉》的文章里，看到华杉老师有一个长远目标：他希望自己写的书叠起来和自己身高差不多高。这个目标瞬间触动了我。那时我才出版了两本心理学的相关书籍，那两本书都不厚，我把它们叠起来放在地上，发现连我的脚背都还没超过。

尽管如此，我还是在大脑里勾画了未来50年的画面：如果未来每年出版一本书，那么到我80多岁的时候，所有的书叠起来差不多也能赶上自己的身高。但这是目标，天天写书也受不了，我希望自己在一种怎样的状态下写书呢？

有一次在刷短视频时，一位旅行博主的生活状态瞬间令我心驰神往：她几乎每隔几个月就会从一个地方去往另一个地方，沿途停停走走，写写文章，拍拍视频。我很好奇，是怎样的财务水平支持她显然并不太赚钱的生活状态呢？我详细了解后，发现这位博主已经通过资产配置，用被动收入实现了财务独立。所以，我的第一个关于“怎么办”的“关键结果”就标记在了“50本书”的大目标之下。

了解人生的OKR

你可能已经看出来了，上面的例子就是一个典型的OKR结构。OKR（Objectives and Key Results）即目标与关键结果法，这是一套被无数国内外大公司验证的、行之有效的管理工具，用来跟踪目标及其完成情况。这个划时代的方法来自芯片巨头英特尔公司，后被互联网巨头谷歌发扬光大。

以我的目标为例：O（Objectives，目标）——写50本书；

KR1（Key Result，关键结果）——被动收入实现财务独立，不再需要用时间去换钱。

有了KR1，自然还会有KR2和KR3。KR2是什么呢？如前所述，如果我也想每隔几个月去一个崭新的地方，没有健康的体魄怎么行。于是，第二个“怎么办”的问题就清晰了。KR2——健康的身体支持我欣赏各地风情，避免因身体原因放弃目标。还有吗？应该至少还有KR3，只不过暂时还没想到，所以先空着，等到以后有明确的答案时再填入。

有了两个清晰的KR，接下来怎么做？答案是继续拆解。比如KR1根据本书财务负熵章节里我介绍的内容，可以拆解成两个小目标：

· 468万元可投资金额；

· 平均年化收益率10%的收益。

KR2可拆解成：

· 每天运动20～25分钟；

· 每天冥想5～10分钟。

KR2已经拆到底，变成每天可执行的行动了，但KR1还可以继续拆解。

468万元可投资金额：

· 让工资收入增长；

· 增加工资外收入；

· 避免非必要消费。

平均年化收益率10%的收益：

· 习得资产配置的认知与方法；

· 习得指数基金定投的认知与方法；

· 习得慧眼识别基金经理并能长期“拿得住”基金的认知与方法。

到这里，聪明的你可能已经看出来了，这些小目标还能继续拆解下去，并且由无数个策略和行动组成，这也是我接下来很长时间内将涉猎并撰写成文章和书的内容。

为什么要写成文章呢？因为费曼老先生曾经说过：教才是最好的学。很多人抱怨：我也看过不少书，但可恨的是每次合上书，就记不得这本书里到底讲了什么。所以为了更好地内化学习到的知识，就要写成文章教会别人，这是我自己探索到现在感到最有效果的学习方式。

你人生的OKR

前面清楚地剖析了我人生的OKR，你对自己人生的OKR是否清晰呢？

管理大师彼得·德鲁克曾经说，我们总是高估一年内可以做成的事，但又往往低估自己未来五年可以做成的事。如果你一时半会儿定不出人生的OKR，可以先从五年的OKR入手。你不妨努力想象一下，五年之后，最好“版本”的你是怎样的？把这个画面想清晰，想清晰后用OKR的办法去拆解，直到拆成“可执行的行动”，或者“需要去了解和学习的策略或方法”。

当然，这个过程对每个人来说未必一样，我是被华杉老师触动到的，你可能会被其他人触动到。所以，很关键的一点是“遍历”：未曾观世界，何来世界观。所以，只有更广泛地去“遍历”更多优秀的人，才能在他们身上找到触动你的部分，触发并制订出你人生的OKR。

不过，就算你制订好了OKR也并非万事大吉，因为后续还需要跟踪与迭代。我们的大脑喜欢具体，讨厌抽象，所以当你把一个OKR仅仅从一个大目标拆解成一个小目标，而不是具体的某项行动时，会发现你仍旧不知道该如何开始着手。比如在“知识星球”App上运营“逆熵成长”社群就是我的一个小目标，但怎样才能让更多的人感知到这个App的价值呢？

所以我就要在形式和内容这两个方面做功。形式上，必须要求自己每周一、三、五早上6:30发布新内容。这个要求对我来说并不难，因为我有一个雷打不动的习惯——每天早上5:00起床写500字，每两天就能写完一篇1000字内容的文章，一周7天写完3篇后还有富余产能可以作为库存缓冲。

内容上，我所写的东西必须要满足星球成员的需求。我所服务的目标用户主要是25～45岁的职场人士，这些用户并非期望一夜暴富的异想天开之辈，而是想要以5～10年为单位实现慢慢变富，最终财务独立，愿意每天付出努力但对自己的目标尚不清晰、行动尚缺少策略、较难坚持意图的进步人士。因为我以前就是这样的人，所以我对这些用户的痛点有充分的同理心，我的行动就可以落实到以用户能看得懂、听得明白的语言讲授用户能操作的策略和方法上。

行动很清晰了，并且每周的工作量也都能开始滚动起来了，但在具体执行的过程中，你必然会遇到问题。在遇到问题时，迭代是一个必要步骤。怎么迭代呢？有两种路径：

第一种迭代路径叫作摸着石头过河。该方式通常用于开展前无古人、从0到1的项目。以2021年钠离子电池为例，如果想要开发出一款成本更低，储能效率更高，充电更快、更安全的新型电池，无数次的探索、试错是必不可少的，由于没有前人的经验，就不得不摸着石头过河。

第二种迭代路径叫作摸着前辈过河。人类能发展至今，一代胜于一代，关键就在于我们总能站在巨人的肩膀上。但人潜意识中都会存在一定程度的自恋，以至于一些人虽然目标很明确，但耻于或不屑于去“摸着前辈过河”，于是他们总会不自知地去“重复制造轮子”，即花费大量时间、精力把前人做过的事情又做了一遍。

所以，如果想高效地实现自己的目标，应大量去阅读、涉猎自己目标方向上的前辈们的作品，这是可以帮助我们顺利“摸着前辈过河”、迭代和改善原有行动的必要步骤。

选择思维：解决难题的关键思维

黄昏的森林中有两条路，我在路口久久站立眺望，但路很深邃，一眼望不到底。

我想选择其中的一条路，并把另一条留给下次，但哪有下次，因为路还会分岔。

最终，我选了少有人走的路，看到了别样的精彩。

——美国诗人罗伯特·弗罗斯特

初次接触这篇《未选择的路》时，我只有17岁，上高二。在此之前，和这片土地上的大部分同龄人一样，我的多数选择来自父母的安排，局限于他们的认知；在此之后，无论是高考的岔路，还是大学4年后择业的岔路，老实说，我都交给了运气选择；直到2013年，我开始学会独立思考。显然，选择不能只靠运气，选择思维是一种技术。

原则一：观察

《人生算法》的作者喻颖正把一个人的决策过程分为感知、认知、决策和行动四个部分。弗罗斯特在黄昏的森林中遇到岔路时，他开始放慢脚步，停下驻足，远远眺望，但不见路的尽头。这些都是他企图用“感知”来搜集信息。接着他尝试“认知”，权衡利弊：要不走左边这条，把右边那条留给下次？不对，因为继续往下走，路一定还会分岔。有了“认知”后，弗罗斯特最终做出了“决策”：走人迹更少的那条。最后，他付诸“行动”，看到了别样的精彩。

这个过程看起来一步步泾渭分明、十分清楚，但在现实生活中急若流星、四个部分交织在一起，人们在瞬间就做出了选择。不过，如果你仔细观察，会发现那些偏好瞬间做出选择的人总会在选择后懊悔抱怨：假如当初……就好了；早知那时就不该……

而另一些人虽然选择时很慢，但通常整体选择效果都相对偏好。这其中的最大差异是思考率，也就是在从感知到认知。从认知到决策、从决策到行动的过程里，不是一晃而过地自动选择，而是主动停下来思考的比率。

$$整体选择效果 = 思考率 \times 思考质量$$

自从我“摸着喻颖正老师过河”，习得该公式后，每次需要我做较大选择时，我都会告诉自己：给我一点时间，让我倾听一下内心的声音。

在理解了思考率的基础之上，进行选择时要关注的是思考质量，其中“观察”是提高思考质量的重要因素。比如个人理财投资的选择就是最考验思考质量的场景：“理财的森林”有两条路，一条路是直接买股票，另一条路是买基金。买股票的这条路会分岔到数千支股票上；买基金的这条路也至少会分岔到主动型基金、指数型基金上；主动型基金又会分岔到股票型、混合型、债券型基金上，指数型基金也会分岔到宽基指数、窄基指数上……

面对如此纷繁复杂的选择，你会怎么做？很多人的选择是根据身边人的推荐，在某个选择当中买入，结果很可能是惨败而归，黯然离场。但也有极少数人通过观察发现：10%的买股票的投资者赚钱，20%的盈亏平衡，70%的亏损；而买目前被显著低估的指数基金，3～5年后有90%的概率可以赚钱。如果你也和大多数人一样，不观察，没有输入；或者观察了，但输入很少，那即使思考率再高，恐怕也拿不到高质的选择效果。

原则二：试错

进行选择时只观察是不够的，在岸上观察别人游泳自己永远也学不会，所以“试错”是必不可少的步骤。在投资领域，许多大型投资机构也依旧要用试错的方式来找到能耗最小、产出最大的路径。

我曾在《熵增定律》这本书里介绍过投资机构的试错方法。

> 如果要投1亿元，会分成4份，每份2500万元，投给100家初创公司各25万元。一段时间后，由于二八法则的存在，20%的小公司活了下来。再拿出第二份2500万元，投给这20家公司，每家各125万元，其中有4家企业发展良好。第三份2500万元，投给剩下的4家，每家600多万元，其中总有1～2家会运营得特别好。最后的2500万元投给这1～2家特优公司，最终赚到的钱将远远超过总投入1亿元的原始资本。

对个人来说，无论是职业发展还是个人投资，也是一样的思路。在刚从大学毕业的前10年，在自己收入相对较少时，要不断去试错，用1～3年的时间一边充分了解自己和行业、岗位的匹配程度，一边去观察下一个值得试错的方向。通过3～5次跳槽、换岗，找到符合自己天赋使命的地方，在这块区域里去深度打磨自己的核心竞争力。这样到了职业生涯中后期，就能很快赚回之前由于试错、折腾而损失的收益。

同样，在做理财投资时，无论是“指数基金低估定投”，还是“股债均衡资产配置”等投资范式，我们都可以通过多账户试错确定自己的投资风格更适合哪种类型。

那什么时候是试错结束的时间呢？《指导生活的算法》的作者、2009年人工智能洛伯纳大奖得主布莱恩·克里斯蒂安和加州大学认知科学教授汤姆·格里菲斯总结出一个“37%法则”。意思是说，人们在做选择时，可以设法把“观察、试错”和“最终选择”分成两段。前37%的时间用来观察、试错，记住让自己最满意的部分；而在37%的关键点过后，一旦看到了和满意情况下差不多的选项，就不要犹豫，立刻去选择它。

所以，假设一个大学毕业生在25岁时初次踏入职场，将来在60岁退休，那37%的关键点正是工作的第13年［即（60–25）×37%≈13］，也就是大约38岁的时候。

同样，对于个人投资者来说，如果大约30岁开始初次投资，人均寿命假设为80岁，那么投资观察与试错的时间可以长达18.5年［即（80–30）×37%=18.5］。由此也可以看到尽早开始投资的必要性。

原则三：创造选项

除了观察、试错，在诸多选择中挑选出一个最适合自己的选择，有没有更激进、更有效的方式呢？

《复盘网飞》中讲过一个原则，网飞的员工把它称为加拿大原则。当年网飞在发展过程中曾经面临过一个“是”或者“否”的决策：是否要把邮寄DVD租赁业务拓展到加拿大？因为这样做可以立刻让公司的整体收入提高10%。

如果你是CEO，你会决定做还是不做呢？公司开展头脑风暴，分析利弊：加拿大离美国很近，邮费也很便宜，但却存在两个问题。

第一，加拿大很多地方的语言都用法语而非英语，使用的货币也是加元而非美元（但又都叫dollar，极易混淆），且邮费也不一样，在当时需要人工来区分，所以这件事情并没有想象中那么简单。

第二，如果做这项业务，投入的时间和精力将超过10%，就算额外雇人来开拓该业务，也只是在“为社会打工”，看不到超额收益。

这时，一个聪明的声音响了起来：那除了拓展邮寄DVD租赁业务到加拿大，公司还有没有其他业务拓展的选项？这位同事真是提出了一个好问题。当时订阅模式代表未来趋势，而要发力订阅模式业务，同样需要消耗员工们很多的时间和精力。经过一番思考，在“是”与“否”的两个选项外，又额外增加了第三个选项。

后来，网飞把类似的决策场景折叠成“加拿大原则”，每当他们要做出重大决策时，都要去审视时间、精力、金钱等稀缺资源是否还能流向其他更有价值的地方。

你看，创造选项的思路，是不是就好比罗伯特·弗罗斯特在两条道路之外又找到了一条不容易被发现、但更有效果的第三条路？

我也曾对创造选项深有体会。2017年，我所在的一家传统制造公司的其他事业部的领导向我伸出橄榄枝，对方暗示我，只要我过去，将在半年后有较大薪资调整。

在我深思熟虑、倾听内心的时间里，我偶然打开招聘网站，居然看到了自己最喜爱的手机App正在招募“热爱学习，文字功底强”的伙伴。

彼时，我以“已写成40万字，两本书即将出版”为重要优势，获得了这家梦寐以求的企业的面试机会。接着又在面试后，立刻将当天与公司副总裁讨论的话题写成一篇推文，并发送给对方。仅仅隔了一天，我就收到了Offer，从传统制造业完成了个人转型，在两个选项之外创造出了第三个选项，最终成为互联网独角兽企业的运营经理。

在这之后，我感觉自己融入了一朵巨大的浪花中，从活动运营到社群运营，从用户运营到与国内知名企业商务洽谈，彻底与一个开放系统对接，不断地与形形色色的外力“协同做功”。并且直到现在，这些开放系统中的养料也有很大一部分成为我认知提升的重要来源，支持我在写作这条路上产出了理论结合实践的优质内容。

这一年，我离38岁只有两年。有趣的是，罗伯特·弗罗斯特也是在大约38岁的时候完成了个人的转型与跃迁。

在此之前，罗伯特·弗罗斯特只是一个普通的教师，偶尔帮人打理农场，写诗只是他的业余爱好。1912年，由于他的诗歌暂时没能获得美国社会的认可，摆在他面前的似乎只有两条路：放弃诗歌或者继续一边工作一边做个“斜杠青年”。

但一个大胆的选项出现在他的脑海：远渡重洋，去英国伦敦出版他的诗集《少年的意志》（A Boy' s Will）。该诗集出版后，英国评论家的赞誉终于引起了美国出版社的重视。之后罗伯特·弗罗斯特四次获得普利策奖，并被盛赞为“美国文学中的桂冠诗人”。

策略思维：帮你获得持续行动力

有了目标（北极星），有了路径（选择）就够了吗？如果你读过《熵增定律》，一定对这个故事印象深刻。

> 一个普通的妈妈，生了个普通的孩子，但妈妈的一个动作让这对母女变得不普通，因为妈妈从女儿出生那天开始，每天都会给她拍照片，1年365天，从不间断。女儿18岁那年，妈妈办了个摄影展，摄影展的主题就是"女儿"。游客从女婴第一天的照片一路看到第6000多天，见证着一个女孩以肉眼可见的速度成长。最后，在摄影展终点处，等待着游客的居然就是这位女主人。如果你是前来观展的游客，你说震撼不震撼？

在女儿诞生的那一天，母亲可能早已在头脑里构建了一个长期目标（18年后办摄影展），同时也想好了实施路径（每天拍1

张照片）。但是，如果这位妈妈拍摄了一段时间后就中断了，那恐怕再好的目标、再优的路径也只能沦为很多平庸人的感叹：想当初，我有一个绝妙的想法……很显然，在负熵之路上你还需要策略思维助推你完成行动。

什么是策略思维？策略思维不是大力出奇迹，而是用绵长的小股力量推动自己，持续保持负熵、保持前进的节奏。策略思维是一种意识，由于篇幅的限制，在本小节我会挑选对认知负熵重要的三种策略来讲，在本书的第六章将专门探讨更多实用的行动策略。

减法策略

你见过年初兴致盎然地给自己订十大目标的人吗？

> 读50本书、减肥20斤、报吉他班、考研、去西藏、学烹饪、学摄影……

试问这些年度目标最后完成了几个？是不是单单看上一眼就觉得喘不过气？

你见过每天的待办清单写得密密麻麻，仿佛打了鸡血的同事吗？是不是他们在你的印象中大都“看似操作猛如虎，实际业绩不达标”？没错，少则得，多则惑；多带来的往往并不是富饶，而是低效与焦虑。

“断舍离”的创始人山下英子在《舍：做减法的勇气》里写道：“抛弃‘不需要的物·事·人’，集中精力于‘重要的物·事·人’，才能顺利工作，享受人生。”

无独有偶，英特尔前CEO安迪·格鲁夫在谈到OKR的目标设定时，也强调过“少即是多”。因为同时设置太多的O（目标），试图完成太多的事情并无实际意义，甚至当目标设定者由于订了太多目标而记不清时，时间和精力的分配必然就会“失焦”。

这个结果简单算笔账就会很清楚：我们假设一个O对应3～4个KR（关键结果），一个KR需要匹配3～4项行动，如果你有6个O，那么你所需匹配的行动就将达到至少3×3×6=54项。面对54项行动，就算你一周7天只推进一次，那么每天被分配到的行动算上周末也要有7～8（54项÷7天≈7～8项/天）项。

请想象一下，每天刚睁开眼就必须要完成7～8项行动的画面：比如看书、写作、运动、画画、练琴、学习、跳舞。这些都要去高质量地完成一次练习，这是一个正常人类能长期和持续完成的吗？

所以，为了目标能有效达成、路径可实际践行，请确保同一时期你的O不要超过3～4个。即每周3×3×3=27项行动，确保每天高质量地完成3～4项（27项÷7天=3～4项/天）重要行动足矣。

我很庆幸，自己在成长和推进目标的过程中从来没有对自己提出过太过苛刻的要求。

2017年：

留在互联网公司——完成；

出版《营销心理学》——完成；

践行价值投资——完成。

2018年：

在公司里拿到高绩效——完成；

出版《博弈心理学》——完成；

践行价值投资——完成。

2019年：

推进公司创新项目——完成；

出版《行为上瘾》——完成；

践行价值投资——完成；

减重20斤——完成。

2020年：

转岗以补齐内容，产品岗的系统认知——完成；

出版《熵增定律》——完成；

研究基金策略——完成。

2021年：

推进公司创新项目——完成；

出版《自驱型成长》——完成；

践行基金资产配置——完成。

由于写作已经变成舒适区里的行动，真正需要花费心力、体力、脑力的全新目标并不多，因此，要确保3～4个年度目标相对顺利地完成就不会很困难。

环境策略

减法策略能让行动更聚焦，那环境策略又是什么呢？所谓环境策略，是指充分利用环境的力量让你行动起来更顺畅的策略。我践行过两类环境策略，它们都有不错的效果。

第一类环境策略：在固定时间、地点做固定的事。

这是什么意思？比如我每天5：00起床后的第一件事情就是打开Surface写作，把前一天无论是阅读、工作还是投资上的领悟输出成500字，并且保存在印象笔记App中的“昨日获得”栏目里。

这些每天获得的总结都通过文字留存成一个个知识结晶，当我需要使用的时候会把它们挑选出来稍做加工处理，然后嵌入我的文章里。除此之外，自从公司的运动室开张后，我还在那里建起了第二个“小环境”：我会在每天8:15前往运动室，在第二个椭圆机上进行20～25分钟强度为12的训练。

在固定时间、地点做固定事项的好处是无须动用过多心力，行动就会像流淌的水一样自然发生。例如Facebook（脸书）创始人扎克伯格偏好购买许多同一款式的衣服，每天起床不必动用心力去挑选服饰，这样就能把心力这种稀缺资源节省下来，从而用在更有价值的地方。

第二类环境策略：同频场域。

相信你见过在商场门口跳广场舞的大龄姐姐们。我们先不讨论这种活动是否扰民，如果你是新手，你一个人想在一个全新的场地上舞蹈是跳不起来的，因为哪怕是周围人看你的一个眼神都会让你选择退缩。但如果当天晚上已经有许多这样的姐姐舞蹈，此时，哪怕是个小朋友都能很自然地跟着节奏、模仿着别人的动作融入进去。

这就是同频场域的力量。在这样的场域中，一个人的动作会引起第二个人的积极反应，第二个人的反应又会继续传导给第三个人、第四个人……当越来越多人的反应趋于一致时，同频场域的助推作用也就越来越强大。

事实上，这也是我在“知识星球”App上建立“逆熵成长”这个知识类社群的原因。我以自身之力，在每周一、三、五固定时间把我提炼的知识结晶投入其中，也会助推星球里的其他人产生反应。当连锁反应不断被触发时，同频场域中的所有人就能在此场域中获得行动的能量。

约束策略

很多人都喜欢戏谑地说：“高考前后是自己文化水平最高的时候。”这句话有一定的道理。因为当时身边存在诸多约束：老师的、家长的、时间的约束，甚至是整个社会带给你的约束。

我自诩是个自律的人，但每次写作效率最高的时间段也是在和出版社签订协议的那几个月里，约束的力量可见一斑。为什么约束的力量会那么强呢？

第一，是人类的“承诺与一致性”特质在起作用。比如得到公司创始人罗振宇，他公开承诺要坚持10年，每天早上输出一条时长60秒的语音；坚持20年做跨年演讲。罗振宇曾经自嘲说，广告商长期的赞助费都收下了，能不履行承诺吗？

第二，约束排除了许多干扰，能让人聚焦，心能静下来。很多人都有一个体验，飞机上已经成了绝佳的阅读场所。因为飞机上没有手机信号，飞机上放映的电影大多也都看过，当你干不了其他的事情，只能看书时，这段完整的时间就能让很多人内心平静地阅读一本书。

践行约束策略的方法也并不复杂，比如国内有一个叫“打脸flag”的App。你公开承诺做某个行动，并押一笔钱，如果没有准时完成行动打卡，所有围观、评论、点赞的人都能瓜分到你的押金。这就给了你不小的动力，促使你完成承诺。

当然，如果不想用如此激烈的方法，还有其他选择。比如进入深度工作或学习前，把桌子整理干净，移走所有可能干扰自己的琐碎物件，同时将手机放在另一个房间来让自己心无旁骛，也是很有效的方法。

概率思维：
用概率来分配人生资源

行动就一定会有好的结果吗？

不是的，行动能不能有不错的产出，有时候还要靠运气。

什么？一本讲负熵的书居然开始讲玄学？确定没选错书吗？

你的心里是不是有十万头神兽在奔腾：好不容易开始向着北极星，沿途观察、试错，甚至不惜披荆斩棘创造选项，依靠策略持续行动起来了，你居然告诉我“还要靠运气”？那我一切的准备和努力岂不都白费了？

当然没白费。只是在真正开始之前，你还需要补充概率思维来管理运气。

什么是概率思维？它是基于深刻理解胜率、赔率和下注比率三个关键要素的一种思维方式。

胜率、赔率和下注比率

胜率是获胜的概率，用公式来表达：

胜率＝成功次数/（成功次数＋失败次数）

假如在一个袋子里共有100个小球，其中90个是红球，10个是黑球。现在你可以任意从袋子里摸一个小球，你希望摸到红球算作赢还是摸到黑球算作赢？问题的答案连小学生都知道，因为摸到红球的概率是90%，而摸到黑球的概率只有10%，谁选摸到黑球赢，谁就是在犯傻。

可是，事实一定是这样吗？

现在，我们加入赔率的因素。

赔率是赌博公司的一个收赔指数。

赔率＝获胜盈利数/失败亏损数

比如押一匹黑马跑赢白马要花10元，但只要黑马胜出，就能赢20元，那么此时押黑马赢的赔率就是2倍（20 ÷ 10=2）。

回到摸红、黑小球的游戏，我们知道摸到红球的概率高，有

90%；摸到黑球的概率低，只有10%。但假如摸到红球的赔率是1.2倍，而摸到黑球的赔率是120倍（即花1元去摸小球，摸到红球奖励1.2元，但摸到黑球奖励120元），那么只要摸小球的次数足够多，是不是就应该毫不犹豫地去选择摸到黑球算作赢呢？

你可能马上就要表示赞同了，但我还是劝你先等等。因为除了胜率、赔率，我们还要考虑下注比率。下注比率决定着下注时你要押多少筹码。

继续来摸红、黑小球。假设有一个玩家，他充分地考虑了胜率和赔率，于是与对方商定摸1万次。不过此时对方提了一个要求：每次必须把所有的筹码都押上。

这就没法好好玩了，对吗？因为all in（全部筹码投入）黑球，很可能第一轮就会输个精光；而如果all in红球，就算100个小球里装上99个红球，也很可能在某一次输个精光。

所以，把所有的筹码都押上的这项设置就是一个坑，对吗？先别急着说对，因为还是有解的。比如尽管需要把所有的筹码都押上，但每次押注时，你可以把90%的筹码押给红球，把10%的筹码押给黑球。那么此时如果摸出的是红球，那么黑球部分的筹码的确全都损失了，但红球部分则有1.08倍（99%×1.5=1.08）的收益；而如果摸出的是黑球，那么红球部分的筹码虽然也都损失殆尽，但黑球的收益部分高达12倍（10%×120=12）。

这就是典型的对冲。你看，是不是懂点概率思维就能旱涝保收，而且如果有黑天鹅事件出现，还有大丰收！

从“概率思维”到“用概率来思维”

17世纪以前，欧洲人认为这个世界上所有天鹅的颜色都是白色，直到人们在澳大利亚发现了黑色的天鹅，这才颠覆了他们的认知。

在现实生活中，凡是发生概率很小，但又具有重大影响的事件被统称为黑天鹅事件。比如泰坦尼克号撞冰山、2001年美国9·11事件、2008年金融危机，这些都被称为黑天鹅事件。

黑天鹅事件的发生概率虽小，但每隔一段时间总会发生一次，这是怎么回事？这种现象依然可以用概率思维来解释。1%的概率低不低？ 50%的概率高不高？

假设一件事情发生的概率是1%，重复做多少次发生的概率就会变成50%？答案是68次。因为1%的发生概率等于99%的不发生概率，而99%的68次方约等于50%。（1–50%）的不发生概率就等于50%的发生概率，因此只要一件事情发生的概率是1%，重复做68次后，那么它发生的概率就高达50%。

巴菲特曾说，有些事情我知道肯定会发生，但是我不知道什么时候会发生。如果你的面前有一个袋子，袋子里有1000个球，其中铜球有750个，银球有240个，金球有10个；铜、银、金三种球的赔率分别是1.1倍、10倍、100倍，此时，你该如何押注才更合适？

别去纠结铜、银、金三种球到底该如何押注了，因为到这里为止已经很难再有反转。“胜率、赔率和下注比率”的概率思维你现在已经大致理解了，你甚至还看透了黑天鹅事件随着次数增加必定会发生的本质。

除非随着时间的推移，袋子被别人换了，里面的铜球减少，银球、金球的数量变多。不过即便如此，我相信你一定也可以根据变化做出有效的调整。

概率思维作为一种数学游戏的确能带给人智力上的快感，但这和认知负熵有什么关系？

事实上，负熵的过程就是把无序变为有序，把具体抽象成模型，其中就包括从“概率思维”到“用概率来思维”的过程。接下来是你在真实世界中需要具体去用概率来思维的三个运用场景。

场景一：“打工人”场景。

互联网上流行一个词叫“打工人”，我觉得该标签对于职场人士而言十分贴切，因为这个世界上的大多数人都符合打工的三个特征：受雇于人、本身不是老板、工作薪酬为主要收入来源。

受雇于人，意味着下到执行人员，上到经理、总监，他们都只是一个公司的雇员；本身不是老板，是指既不用承担公司破产的偿债风险，也无法享受公司大幅盈利所带来的超额收益；工作薪酬为主要收入来源，说明“打工人”在打工场景下通常没有额外收入。

这三种属性决定了“打工人”（除了极少数高管）单单靠打工很难成为富人。所以，对于大多数人来说，“打工人”这种身份，可以被理解为胜率高、赔率低的铜球。

场景二：投资场景。

由于短期炒股7亏2平1赢的客观存在，很多涉猎过股票的投资者往往谈股色变。

事实上，从长远的历史来看，股票没有那么可怕。根据沃顿金融学教授杰里米·西格尔所著的《股市长线法宝》的数据统计，美国股票从1802年到2002年这200年间，年化收益率为8.1%，是国内普通银行理财收益水平的2倍左右。

而在中国，若以沪深300指数为例，该指数从2004年12月31日开始，起点为1000点，截至2020年12月31日的5211.29点，16年间涨了5.21倍，平均年化收益率更是达到了10.87%。

可是为什么长期年化收益率那么高的股票，短期却有90%

的人表示赚不到钱呢？这部分的问题我们会在第三章的财富负熵里详细讨论。这里我想得出的一个结论是：从长期来看，股票指数投资是胜率较高、赔率也较高的银球。

场景三：第二曲线场景。

看到了铜球和银球，轮到金球登场了，金球就是第二曲线的场景。

第二曲线是英国管理思想大师查尔斯·汉迪的著作《第二曲线：跨越“S型曲线”的二次增长》的重要理念，原指企业发现新的竞争力，是实现转型和持续生存的关键。比如苹果手机是苹果电脑的第二曲线，网飞的订阅服务是DVD租赁业务的第二曲线，抖音是字节跳动之于今日头条的第二曲线。

在本节，我们讨论的是个人第二曲线。比如写作是我的第二曲线。我的计划是出版50本书。如果个人写成一本超级畅销书赚取丰厚版税的概率是5%，即失败率为95%，那么95%的50次方就是7.7%，1–7.7%=92.3%。

如果以上假设为真，那么我依靠个人第二曲线获取丰厚被动收入的概率则能高达92.3%，甚至还有在地球上留下个人印记的微小可能。

更何况，随着一本又一本出版物的交付，我自己的写作水平也会越来越高。甚至写作还能影响我作为“打工人”的角色，让我在打工场景中也能通过内容能力表现得更出色。

所以，从第二曲线场景来讲，个人第二曲线显然是胜率低、但赔率可以很高的金球。

现在，现实生活中胜率高、赔率低的铜球，胜率较高、赔率也较高的银球，以及胜率低、赔率高的金球都呈现了，要怎么押注才比较合理呢？

在我看来，铜球是基本盘，是人们赖以生存的保证；银球是谋发展，是个人大概率实现财务独立的有效路径；金球是求突破，为我们在这个世界上留下些许印记提供可能性。

而且由于每个人一天的时间都只有24小时，这就意味着每个人每天不得不把自己的时间、精力等筹码统统押完。

与此同时，“铜球，‘打工人’场景”至少占据8小时是社会规则，而且为了升职加薪，免不了需要加班；而对于“银球，股票指数投资场景”，如果学习和认知到位了，反而花不了太多时间；“金球，第二曲线场景”则要至少每天抽出一定时间，用好策略，日拱一卒，持续推进。

所以，如果你问我面对以上的现实情况要如何来分配下注比率，我认为85%～90%押铜球、2%～5%押银球、5%～13%押金球是一个大致合理的配置。

复盘思维：用复盘来提升自己的成功率

本节是整个认知负熵章节的复盘部分，我们来说说复盘思维。复盘原来是一个围棋术语，指一盘棋结束后，把整盘棋在棋盘上重新摆一遍，从而审视在对弈过程中招法的优劣。而复盘思维则是一种习惯，这种习惯能帮助我们通过自我反思来审视在实现目标的路径中使用策略的优劣。

苏格拉底曾经说，没有反思的人生不值得过。可是，知道要复盘和真正会复盘是两回事。不会真正复盘的人，都只是在假装复盘；而假装复盘的人，通常会跌进两个误区。

复盘的两个误区

误区一：复盘的主体到底是我还是你。比如，我们都说要从自己身上找原因，但你会发现，很多时候跌进第一个误区的人却往往会对别人说，遇到问题要从自己身上找原因。言下之意就是："来来来，开始从你自己身上找原因吧，赶紧。"

或者也有人会这样说，这事儿我自己要复盘，你也可以说说你的复盘。然后他就眼巴巴地看着你，在等待你做复盘。虽然方式温柔不少，但归根结底还是在希望别人做复盘，企图改造别人，而对于自己要怎么做才能更好几乎没有思考。

到底怎么做才是复盘的正确打开方式呢？我曾遇到过这样一任领导，他的做法给了我很大启发。当时大家在做项目复盘，作为领导，他说："别人改不改变是别人的选择，不过这件事情给我带来的触动主要是……"这里他主要讲的就是自我复盘和改变的内容。

听了领导的复盘，我体会到了高阶管理者平时并不显性化的内心，而且领导的复盘也触动了我的反思，让我也开始养成复盘的习惯。

误区二：复盘的范式。普通人对复盘的理解一般都是错的。复盘不是悔恨，更不是自我批判，而是有步骤、循序渐进地梳理思路，找到更好的行动方向。这样的过程就构成了复盘工具TTPA。

T：Target的简称，是指对目标进行回顾。现在的结果和计划中的结果相比，到底哪里有差异？比如很多人觉得阅读书籍没什么用，原因在于读书前抱很大期望，觉得自己在读完一本评价很高的书后就可以有很大收获（目标），但当自己好不容易坚持读完最后一页时，却发现整本书的内容自己都记不得什么了，更不要说有什么收获了（结果）。

T：Tactics的简称，是指对策略进行复盘。为了实现目标，当初是否选择了正确的策略？如果再来一遍，选择什么策略可能效果更好？依旧以读书为例，有人发现阅读效果不好时，就开始调整策略：不是简单地阅读，而是一边读一边在书本上划重点、记笔记，甚至把整本书的结构拆解成思维导图，留存下的笔记和思维导图就是他学习这本书的收获。

不得不说，记笔记、画思维导图的策略的确要比单纯地阅读的效果更好。可是，依旧有人对此不满意，于是，他们开始往更深层次挖掘。

P：Process的简称，是指过程中我曾经出现过什么心态。在这样的心态下，我做了什么选择，做出了什么行动？我自己就曾经历过一边阅读，一边开着一个XMind软件绘制思维导图的时期。在此过程中，我发现自己最快乐的时候不是把一个个知识结晶记录下的时刻，而是把思维导图分享到朋友圈，获得朋友围观、点赞的时刻。当我意识到自己期望在他人面前显得很厉害的心态时，我如遭雷击。阅读的目标不是为了让自己显得很厉害，而是真正地改变自己的某种思维或行为习惯，习得某种策略，从而变成更好的自己。

A：Action的简称，是指接下来的行动。分析接下来哪些事可以继续做，哪些事要停止做，还有哪些新行动要着手做。继续阅读更多优质的书籍，在书里和更聪明的头脑对话，“摸着前辈过河”是继续要做的事；写读书笔记、绘制思维导图发朋友圈可以停止做；把学习到的知识内容变成自己的语言，结合自己的思考和经历，输出成文章、写成书则是着手做的新行动。这样的新行动不仅帮助我站在巨人的肩膀上获得了他们的见识，养成了诸如早起、写作、运动、冥想、投资等习惯，还让我系统化地梳理了这些知识，并且把如何运用知识变成能力和财富的经验变成了一本本书。

的确，使用TTPA复盘的过程需要消耗大量能量，但对于重要的事情，只有对抗熵增做功，有策略、有范式地动用脑力、精力、时间来复盘，才能产生更好的效果，为你的北极星目标服务。

下面我们来对认知负熵这章的一部分来做一次复盘。

复盘实例操作

第一，复盘目标。

T：对目标进行回顾。你的目标是什么？你的目标是短期目标还是长期目标？如果你的目标不够清晰，你对寻找目标的策略做过复盘吗？如果你的目标很清晰，你对目标做过拆解吗？拆解出来的关键结果完成情况怎么样？

T：对策略进行复盘。以寻找目标的策略为例，我的策略是尽可能多看走在前面的前辈。因为阳光下没有新鲜事，前辈已经走完或正在走的路径，只要符合你的心之向往，那么很可能也是你的短期甚至长期目标。

P：过程中，曾经出现过什么心态。在寻找目标的过程中，你曾经出现过什么心态？比如原以为找到了自己的北极星，不过某天遭到了巨大的打击，然后又开始迷茫了。或者现在的大方向大概是对的，但总是模模糊糊看不清楚，想换一个方向又不甘心。

A：接下来的行动。无论如何，一开始总是一个试错的过程。所以试错可以继续做；明确感到不符合内心的事情要停止做；可能有突破的新方向可以着手做。

第二，复盘选择。

T：对目标进行回顾。人的一生有许多选择，平均每7年就会出现一个重大选择。在上一次选择时，你的选择是盲目的还是根据北极星的方向而定的？比如转行就是一种选择，但不少转了行的人又担心转行会导致“沉淀不下东西，晋升会很慢”。这就是没有根据北极星来做选择的典型。比如我从传统制造业转行去移动互联网公司是基于对曾鸣教授所著《智能商业》中“点线面体”的认知。因为个人作为一个“点”依附于部门之“线”，部门之“线”又镶嵌在公司之“面”，而公司之“面”又隶属于行业之“体”。传统制造行业与移动互联网行业的增长速率显然不能同日而语，以前每天下午5：00准时下班，工作压力相对较小，而现在几乎每天都要工作12个小时。但从这几年的收入和认知的增长情况来看，在认知持续提升的北极星目标之下，基于“点线面体”的选择并没有让我失望。

T：对策略进行复盘。当时在做选择时，你的策略是什么？很多人期望依靠招聘网站、猎头来实现转行，但对方对你知之甚少，且你的经历不太符合目标行业的特点，所以你的简历很可能在抵达用人部门之前就被HR淘汰下来了。怎么办？答案是挖掘你的弱关系，先绕过HR，让用人部门率先发起主动邀约。比如我在看到招聘网站上的信息后，并没有选择直接去投简历，而是在我母校校友群里先搜索一下有没有在该公司任职的同学，并成功通过校友把简历直接传递到用人部门的负责人手上。而且我的写作经历超预期地符合该岗位的特殊要求，很快我就收到了面试邀约，甚至还免去了HR面试的环节。

P：过程中，曾经出现过什么心态。入职后，我发现所在的事业部是这家互联网公司的第二曲线，拓展创新业务。创新业务的商业模式要是不清晰，甚至和创业公司一样，往往会九死一生。同事中有人抱怨"模式不清是最大的弊端"，但我认为这是一个不可多得的"公费创业"机会：失败了，至少每个月的工资不会少；成功了，升职加薪又少不了。虽然过程的确很折腾，但正是因为折腾，所以我才不是系统里平凡的螺丝钉、工具人，而能成为一个发动机。

A：接下来的行动。创新业务折腾了两年，终于还是以转型告终，从 To C（面向个人用户）业务转型为 To G（面向政府客户）业务。整个过程中，我发现自己无论是内容能力还是产品能力，都未曾得到系统的训练。因此，我接下来就采取了这样的行动：停止做转型后的业务推进，继续从事面向个人用户的业务，转岗并开始对自己进行系统化的内容和产品能力的训练。

至此为止，我已经带你完成了关于目标和选择的复盘训练，我想邀请你试着对自己的策略和概率来做复盘练习。请千万不要随意地翻过这一页，否则这本书又会变成你读过的"看起来有点道理，却最终没什么实质收获"的许多本书中的一本。

第二章

02

情绪负熵：提升情绪智力的熵减法则

你一定听过“情商”这个词，但很多人都对它有误解。事实上，情商不是很多人想当然以为的“情商就是会说话”，情商本质上是一种情绪智力，它也是一个人对自己、对他人情绪的感知、认知和管理水平的体现。要提高情商，你需要学会情绪负熵。

情绪熵：
摆脱焦虑的两大途径

情绪的感知、认知不是加减算数，很难简单地用理性来管理，不信的话我们可以进行一个思想实验。

早上，你吃了一顿母亲给你准备的精致早餐，其中有各种你喜爱的美食。上班路上的交通也十分通畅。到了办公室，你的工作效率很高，很快就进入专注状态，完成了上午的任务。中午，你和同事一起去预定了很久的网红餐厅吃饭。午后，部门的同事又送给你一杯奶茶。下午4点半，你的部门开例会。领导今天的心情很怪异，你正好撞在枪口上，被莫名其妙地批评了。

此时下班路上的你会给这一整天打几分呢？是不是分数不高？可是如果仔细想想，今天总共发生了4件好事，只发生了1件坏事，怎么情绪就这么低落呢？

进化而来的负面偏差

事实上，这和我们人类进化的历史有关。在远古时期，人类在整个自然界中是非常脆弱的种族。基因突变让一部分人天生会把注意力聚焦在正面，他们积极向上、勇敢乐观，面对强大的猛兽都不会恐惧；另一部分人则更关注负面，他们深思熟虑，偏好规避风险、恐惧和焦虑，他们宁愿躲在潮湿阴冷的山洞里，也要避开和强大的敌人正面交锋。

所以，在进化的过程中，很多关注正面的勇士都在与猛兽、外族的交锋中牺牲，他们的基因逐渐泯灭于浩瀚的历史中，成为少数派；而被勇士保护、蒙受庇护与恩泽的负面关注者的基因则延续到了现代，他们以70多亿人口之巨成为如今地球的主宰。

是的，那些被我们避之不及的抑郁、焦虑等情绪熵的果，恰恰是我们的祖先赖以生存和繁衍至今的因。

这种偏向于关注负面情绪的特质在积极心理学中被称为负面偏差。根据美国心理学者戴维·迈尔斯的研究，现代人关注抑郁、愤怒、焦虑等负面情绪的注意力是关注快乐、满意等正面情绪的14倍。

负面偏差虽然是我们现代人基因中的本能，但践行负熵不就是要主动做功，使用策略成为更好的自己吗？但具体要怎么做呢？在讨论怎么做之前，我们需要先进一步了解大脑的两大特点。

第一个特点是你大概率听到过的边际效益递减，即大脑在同一种享乐刺激下，其所带来的满足感会随着次数的增加而降低。比如富兰克林·罗斯福是美国历史上唯一连任四届的总统。有记者在罗斯福第四次当选时询问他的感想，这位总统一连给该记者吃了4块面包，让记者也亲身感受一下连续体验同一种刺激的感觉。

可见，由于边际效益递减的存在，诸如父母对自己的好、羊肉串的鲜美等更多的感官刺激很难给我们带来持续满足。

第二个特点和一项著名的心理实验“看不见的大猩猩”有关。在网上搜索“看不见的大猩猩”你就可以看到这个实验视频，我建议你先看完这个不到2分钟的视频，再来接着阅读后面的内容。

这项实验是哈佛大学博士克里斯托弗·查布利斯和康奈尔大学博士丹尼尔·西蒙斯共同研究的一个课题，作为一项心理学实验，还获得了2004年的搞笑诺贝尔奖。在实验中，有50%的受试者看不到这只黑色的庞然大物，更没有注意到它还曾示威式地猛烈击打胸口。可是，为什么会这样啊？我的眼睛失明了吗？当然不是。事实上这种现象很普遍，西蒙斯博士把它称为无意视盲，它是一种人脑把大多数注意力集中在具体事物时，会自动忽略非目标事物的现象，尽管这些非目标事物可能很明显。可见，看见并不等于看到。所以，这也是为什么交通法规要求“开车不打电话”，因为无意视盲导致看不到大猩猩事小，开车者看不到路人就要闯祸了。

既然现在我们已经理解了边际效益递减和无意视盲是大脑负面偏差的两大原因，那么相应的解法也就可以自然呈现了。

避免负面偏差的两条途径

途径一：为自己构造多元满足。

单一满足容易产生边际效益递减，唯有多变才能抵抗疲劳。

尼尔·埃亚尔（曾在斯坦福大学商学院任教）有一个著名的上瘾模型：触发——行动——多变的酬赏——投入。该模型被国内外无数优秀产品经理奉为圭臬。《魔兽世界》游戏中随机掉落顶级装备是多变的酬赏；同一个微信红包，有人只抢到2.38元，有人则抢到57.37元，这也是多变的酬赏。

在上瘾模型中，非常值得我们借鉴并能够有效抵抗边际效益递减的要件正是多变的酬赏。多变的酬赏可以分为三类。

猎物酬赏。这是最底层的酬赏，是指具体的事物或食物带给我们的感官满足。比如看了一部感人的电影、享用了一顿海鲜自助餐，或者获得一份公司发放的福利等。猎物酬赏虽然满足递延时间比较短，但从获取难度来说相对较低。

社交酬赏。这是你在和身边人沟通互动时可以获得的大脑奖励。比如你的朋友圈被朋友点赞，你在群里说的某句话获得了许多人的称赞，你和伙伴一起相约去网红打卡地游玩。凡是与人互动后获得的社交满足都属于社交酬赏。

自我酬赏。这是最高级的酬赏，是你做成了某件事情后获得的成就感、操控感或者胜任感。微观：自我酬赏可以是你记录今天完成了最重要的三件事。中观：你运用一个刚学到的沟通技巧达成了一项双赢谈判。宏观：你负责的项目取得了阶段性成果。

这三种酬赏可以作为一个框架，帮助你从多个维度审视自己获得了哪些不同程度的满足。

途径二：让自己的满足不断被看见。

我们已经通过多变的酬赏把自己每天可获得的满足做了分类，接下来就可以设法刻意将注意力聚焦在这些满足上，让自己的满足不断被自己看见。

具体的做法也很简单，每天临睡前或者早起后把你今天（昨天）获得的满足记录在某个地方。我从2017年接触到复旦大学心理学教授鞠强老师“每日感恩”的方法后，保持了每周多次做记录的习惯。后来学习了上瘾模型后，把它做了优化，在形式上迭代出更灵活和更易于落地的范式，比如：

> 昨日收获：
>
> 完成了25分钟椭圆机训练。
>
> 阅读《能断金刚》15分钟。
>
> 定投芯片ETF完成20%盈利止盈。

还有复杂一点的知识类满足，这类满足主要是为了将学习到并且真正有感触的内容写下来，比如：

> 昨日收获：
>
> 共赢和双赢最大的区别是：前者为双方同时获益，后者为获益有先后。实践中应当率先寻求共赢，设法让双方同时获益。
>
> 凡是可以通过一时努力得到的东西，都会陷于内卷的结局。只有经过至少3年以上努力获得的东西，才能超越内卷。

通常我会首先把这些收获写在自己的印象笔记App中，然后分享在自己比较认同的社群里。这会相应地带来群中学友的点赞、评论互动，进而自己获得社交酬赏。对于一些内容价值较大的部分，我还会专门抽出周末时间把它变成短视频，或者扩展成一篇2000～3000字的文章。其中一些会成为"逆熵成长"社群的养分，另外一些可能成为将来某本书的一部分，以获得跨周期的自我酬赏。

当你受困于情绪熵的泥淖中感到焦虑、低落时，翻开这些记录看一看，是不是发现自己的生活其实还是挺不错的，怎么能让明亮的玻璃窗上的一粒尘埃就阻挡了外面明媚的阳光和晴朗的蓝天呢？

当然，你不一定非要每天都写，但请保持一周尽可能记录三次不同类型满足的习惯，因为记录会强行把你的大脑注意力聚焦在你写下来的正面内容上。如此一来也就在客观上跨越了边际效益递减，同时还克服了无意视盲对我们大脑产生的影响。

识大局：梳理自己的幸福曲线

“为自己构造多元满足”和“让自己的满足不断被看见”都是很有效果的策略。然而，它们仅仅是你在对抗情绪熵这场持久战中的一个片段，是整个局的一部分。所以，想要破局，必先识局。我们要去理解人生路上大概率会遇到或已经遇到的问题是什么，为什么，怎么办。

35岁危机

发展心理学中有一个词汇叫作中年危机，一般高发在39~50岁的人身上。但随着社会发展，中年危机逐步演变为35岁危机。

为了研究35岁危机的话题，我调查了身边关系不错的老同学、老同事，请他们给自己的30岁、35岁和40岁打分——在不同的年龄段，他们对自己的生活满意度可能是几分。为什么会这样打分？结果显示，大部分人给自己的30岁打了高分，但从35

岁开始，尤其接近40岁时，生活满意度越来越低，有些人给自己40岁的打分甚至只有30岁的三分之二。

这次小调查的结果不是个案。根据加拿大学者乔纳森·劳赫的著作《你的幸福曲线》中一份超过30万不同年龄段受众调查的数据显示，40多岁受试者的幸福满意度确实要比30多岁受试者的更低。20~34岁年龄段的生活满意度达到了高峰——81%以上；而在这之后，生活满意度就像滑滑梯一样一路下滑，直到50岁左右达到谷底，接着快速反弹，很快在65岁后达到了最高点——84%。

为什么会出现这样的情况呢？我的被调查者中有人这样总结：30岁时，无论是家庭、爱情、事业都憧憬着未来，一路美好；而35 ~ 40岁时还要烦恼孩子的成长、学业，爱人也早已成为家人，大部分人的事业开始停止上升，因为上面的位子越来越少，而竞争者越来越多。

也有人说：30岁时自己在职场上晋升成了主管、经理，开始带团队，很有成就感；现在40岁了，却发现后辈中的优秀者已经崭露头角，有些很轻松地就坐上了自己在该年龄段时想都不敢想的位置，甚至还有比自己小10岁的人成为自己的上司，这让人唏嘘不已。

以上说法都有一定道理，但可能比较片面，所以让我们再来看一下德国经济学家汉内斯·施万特（Hannes Schwandt）的研究。

施万特邀请17～90岁的德国人给“目前”和“5年后”的自己可能的生活满意度打分，满分为10分。结果显示：在年纪更小的时候，人们对未来5年的预期会更高，但由于“理想的丰满和现实的骨感”，人们会一次次地对现实落后于预期的情况感到失望。直到在平均50岁左右时，期望曲线和现实曲线发生了交叉，现实曲线首次高于了期望曲线。这时的人们开始发现：现实没有预期中那么糟糕。这个反差带来了惊喜，于是人生早年带来诸多痛苦的预测错误却在人生后半段改变了。

如何降低预期

对抗幸福曲线前半段这种“因期望与现实之间产生落差而造成的长期焦虑”有两种思路：一种是降低预期，另一种则是提高现实情况的水平。我们先来分析如何降低预期。

第一，使你的情绪正常化。比如对于一个大学毕业的普通人来说，通过自身努力，在工作前5~8年晋升到主管、经理岗一般并不算特别困难。但如果想要有进一步提升，达到总监、副总裁的高度，就可能需要有诸如贵人提携、机遇垂青等运气因素了。

运气因素可遇而不可求，符合“胜率低、赔率高”的模型。如果你把自己的预期全部押宝在进一步晋升上，就像我们前面分析的，当现实情况无法满足未来期待的时候，心理落差就会产生，落差越大，产生的情绪熵也就越多。

所以，我将我听到过的一句话与你共勉：对过程苛刻，对结果释怀。只有使你的情绪正常化，把较低的期待押在每一次胜率低、赔率高的事情上，相信这是一种很自然的数学现象，全程去接纳它，焦虑的情绪就可能降到最低。

第二，打断你的攀比心。与人攀比是人类的本能。你可能会和同辈做比较，在同学聚会上攀比地位、收入；你可能会和部门同事做比较，攀比谁的年度绩效高、年底奖金多。你可能会与低龄同事做比较，攀比双方的职级是否一样高；你还可能会和理想化、遥不可及的自己做比较，从时间维度攀比是否达到了预期的社会高度。

攀比心会让你在比赢的时候窃喜，在比输的时候焦虑。《消极时代的积极人生》的作者赵昱鲲讲过一个有趣的模型：在大部分情况下，攀比会驱赶你在“与人攀比→大受打击→严重失落→拼命奋斗→爬上一格→继续攀比→大受打击”的模式里循环。随着“爬上一格”的难度越来越大，你停留在“严重失落”里的时间也会越来越长。

所以，为了避免落入攀比循环，每当你感到自己升起攀比心时，如果你能建立一种心理机制，就好像Windows跳出一个弹窗让你点击“确认”或“取消”一样，主动选择“是否要去攀比”，你的攀比心就有可能被打断。打断后，期望差就不容易形成，你的情绪也就更不容易陷入焦虑。

第三，学会正念冥想。当无法主动打断攀比心，脑海里仍旧会自动冒出各种杂念来侵害自己精神之海的时候，正念冥想是被证明能有效帮助大脑中的杏仁核平静下来的方法。

杏仁核是人脑中恐惧和焦虑的来源。在精神焦虑疲倦、感觉身体被抽空时；在晚上脑海里自动冒出各种声音，让你胡思乱想、翻来覆去睡不着时，通过观察自己的呼吸，感受胸腔、腹部因呼吸而起伏，将注意力聚焦在当下的方法就是正念冥想。它能把你的思绪从混乱中拉回到当下，平复杏仁核的躁动，使人重新获得平静的心绪。

如何提高现实情况的水平

除了降低预期可以减少反差外，有策略地提高现实情况的水平，同样也能缩小反差，减少焦虑感。关于如何提高，我向你介绍两个行之有效的竞争策略。

竞争策略一：在你的甜蜜区努力。

什么是甜蜜区？简单来讲，这是一个同时符合你感兴趣且擅长、社会有需要的区域。举个例子，如果你从小喜欢播音，同时你通过训练自己的播讲和表演能力，在播音方面有了一定的技术。在以前，可能你只能把播音当作自己的一个爱好，在业余时间用来怡情；但现在随着有声书、有声广播剧成为人们在通勤场景里高频伴随性的娱乐消费，演播有声剧就能成为你可以深度耕耘的赛道。

在该赛道中，已经有不少人可以通过演播网络小说，或与其他主播一起合作，形成多人有声剧等方式实现商业化变现。其中的头部签约主播，每个月可以赚取5000～20000元收入。

钱虽不多，但由于所从事的是自己喜欢的方向，自己更容易获得幸福感。并且随着自己代表作的不断丰富，优质作品还能吸引更多版权方的青睐，受到更多邀约合作。而且许多平台的有声剧还有用户付费收益分成的机制：只要持续有人收听，就能获得更多因付费分成而获得的被动收入。

竞争策略二：成为π型人才。

我们以前一直听说要把自己打磨成T型人才，实现一专多能；并且要求自己在某个专业领域拥有普通人不具备的特长。但在今天，做T型人才已经远远不够了，因为技能更迭太快，时代要求我们向π型人才演进。

T有一条腿，代表只有一项能力特别突出；而π有两条腿，代表至少有两项专业技能都比周围人更厉害一点。为什么π型人才应该是你的修炼方向呢？这是因为在传统工业时代，你的某种核心技能很容易形成小圈层的局部垄断。但在移动互联网时代，知识唾手可得，后浪和外部协作者总是能飞快涌入某个领域并形成激烈的竞争。所以，如果你想要自己一专多能，达到该项技能水平的前1%，就必须持续去修炼它。

防御力：三种属性专抗情绪熵

有意识地在较长的时间区间里去降低预期和提高现实情况水平，相当于降低了游戏中Boss对角色的攻击力，是否有办法提升角色本身的防御属性，用来抵抗情绪熵呢？答案是肯定的，它们分别是：

韧性：建立自我复杂性。

招架：ABCDE认知疗法。

抗性：斯多葛学派心理方法。

接下来就让我们一个个了解和获得它们。

韧性：建立自我复杂性

这是一种我亲测有效的属性。在讲自我复杂性之前，我们需要做一些前置知识储备，首先要理解情绪阈值的概念。比如你一定听过泪点和笑点。有的人看一点儿感动的画面，听一点儿动人的音乐，就会热泪盈眶，甚至泪流满面；而有的人则表情僵硬，丝毫不为所动。

是后者无情吗？并非如此，可能只是他的泪点比较高，普通的场面很难打动他。无论是泪点还是笑点，都是一个人哭、笑的情绪外在表现出的内部情绪阈值，只有超过了阈值，情绪的外在表现才会发生。同样，无论是压力、焦虑或者其他任何情绪熵，都会存在“压死骆驼的最后一根稻草”，多加一根稻草，超出情绪阈值，情绪就会崩溃。所以，我们需要有一个抓手来提升自身的情绪阈值，从而提升我们的韧性。

这个抓手是什么呢？正是自我复杂性。自我复杂性（Self-complexity）的概念最早在20世纪80年代由心理学家林维尔提出。林维尔认为，组成自我概念的自我数量越大，自我复杂性的程度也就越高；而高自我复杂性的个体在经历压力事件时，由于自我概念的数量较多，所以这些事件就只会影响个体的部分自我。

因此，自我越复杂，就越能对我们的情绪熵产生良好的缓冲作用。当然，你也可以把它理解为承受力的阈值变高，韧性属性提高。

林维尔的表述稍显抽象，我们来做一个形象化类比。假设你的情绪是一张桌子，如果你的自我不够复杂，就代表你是一张只有一条腿的桌子。这张桌子在没有外力作用的情况下可以维持自身平衡；一旦有重物放在桌沿处，就会由于重心不稳而倾倒。但如果你的自我复杂性程度高，你就可能是一张有三条腿、四条腿的桌子。四方桌是十分平稳的结构，只要桌面承受的力量不超过四条腿的承重力，桌子是很不容易倾覆的。

联系到实际，如果你的角色只是一个“打工人”，那么你在职场上感觉到的压力、焦虑就会很容易达到你的情绪阈值；而如果你在职场外有其他副业，甚至还有投资者、内容生产者的身份，那你遇到情绪熵的时候也就更加从容。这也是那么多人想要在职场之外成为股民、基民（当然，我不提倡买股票而建议买基金，之后我会详细展开），有一份副业，以及现在越来越多的人成为“斜杠青年”的原因。

所以，如果你目前的角色相对单一，请务必尽快让自己的自我赶紧复杂起来。

招架：ABCDE 认知疗法

你可能阅读过史蒂芬·柯维在《高效能人士的七个习惯》中讲到的以下案例。

周日早晨，柯维乘坐纽约地铁，地铁中的乘客或看报或沉思或小憩，一切都显得很安静。

在某一站，有一名先生带着几个小孩上车。几个熊孩子上车后撒野作怪，破坏了原本静谧的气氛，而那位先生却呆坐在椅子上，无动于衷。

乘客纷纷投来不满的眼神，柯维也忍无可忍地走到男子面前，示意男子该管管孩子了。

只见男子如梦初醒，然后回答："是的，的确要管管他们，他们的母亲1小时前在医院去世了，我有些手足无措，孩子们大概也是。"

柯维瞬间怒气全消，他所有的感觉、想法和行为都改变了，不仅不用再去克制自己的态度，而且同情、怜悯包括歉意的感觉也油然而生。

同样的情景，为什么会产生不同的情绪？这里的关键就是我们的信念，也就是我们对情景的看法。

毕业于哥伦比亚大学、受聘于卡伦·霍妮学院的心理学者艾利斯博士总结出了情绪ABC理论，并研发出了ABCDE认知疗法。

A：Activating event，是指发生的事件。

B：Belief，信念，是对该事件的看法。

C：Consequence，结果，通常是不太美妙的负面情绪体验，是情绪熵。

D：Disputing，干预，是最重要的一步，相当于面对情绪熵的招架。

E：Effect，改变，干预后情绪熵发生熵减，正常情绪回归。

在柯维的案例中，“他们的母亲1小时前在医院去世了”的现实立刻改变了柯维对男子和孩子们的看法，让他瞬间从愤怒转变成同情。

同样，在生活或者工作中，我们也经常会遇到不喜欢的人或不讲道理的领导。遇到不讲道理的领导时，如果你把注意力聚焦在“我怎么摊上个这样的领导”或者私底下和同事抱怨领导，只会越想越生气。但如果你能启动ABCDE认知疗法，替换一种信念，那你就可能获得完全不同的情绪体验。

刘润老师曾经提到过一种“悲悯”视角。由于对方的原生家庭、成长经历甚至创伤经验，带给过她/他难以磨灭的心理经验，把她/他变成这样的人。尽管你不知道是什么导致了这样的结果，一旦你启动了“悲悯”视角去审视这位极品领导，那么无论领导之后再怎么从言语上攻击你，在你真正有能力离开领导之前，你都已经在心理上站在了更高的维度招架住了攻击，对极品领导进行了“降维打击”，你自己也更不容易生气和出现情绪熵。

佛说：一念天堂，一念地狱。面对情绪熵，应作如是观。

抗性：斯多葛学派心理方法

斯多葛学派心理方法听起来似乎高深莫测，充满着哲学感，其实它是一种非常入世的心理方法。

罗马五大贤君之一、传世巨著《沉思录》的作者奥勒留就是斯多葛学派的笃定践行者。斯多葛学派最底层的思想方法是："假设最坏的情况已经发生，我该怎么办？"这意味着每一个践行这个心理方法的人都是"悲观的积极主义者"：总是设想最糟糕的情况，却又总是最积极地寻找解决方案。

在我看来，使用斯多葛学派心理方法至少有两大好处。

好处一：情绪铺垫。

正所谓期望越大，失望越大。如果本来就对一件事情不抱期望，那么就算事情发展态势恶化，那也都在意料之中。既然事情在意料之中，尽在掌握，那么我们的内心也就不会由于前途未卜而感到焦虑。

比如"双减"政策之下，许多少儿教培行业的从业人员倍感压力，我的一位前同事就是其中之一。在一次聚会时，我们发现他表现得轻松愉快，都感到很好奇。他坦言，尽管之前的确有“天要塌下来的感觉”，但后来就做好了最坏的打算，因为就算遭遇裁员，他们公司也都已经开始发放“N+1裁员大礼包”。

一天醒来，当他坦然接受可以携大礼包转行时，之后的上班时间他就做了两件事。第一件事，寻找适合自己的工作；第二件事，开通了一个电子书平台的VIP年卡，每天利用上班时间“公费充电”。

几个月后，大礼包到手，停了很久的读书习惯到手，几个Offer也陆续抓在了手上。这些显然不是一个沉浸在情绪熵中的人可以做到的。

好处二：事前复盘。

斯多葛学派心理方法还有一个附加作用，就是倒逼我们进行事前复盘。如果一件事情最糟糕的情况发生了，它可能会败在哪里？

假如你正在进行一次晋升述职准备，如果晋升最终失败了，你最可能是由于什么而失败的？如果由于某个原因失败，你现在是否可以做一些行动去预防失败？在很多公司，如果要升到管理层，一个评判的标准是该员工是否有靠别人拿结果的意识。所以如果由于该项能力被认为不达标而失败，对应的行动就是在晋升述职的材料中，准备足以说服评委领导的自己有过的类似成功经验，并且在报告中呈现出来。

所以，斯多葛学派心理方法不仅以一层情绪铺垫的形式为你提供了情绪抗性，而且还能让你形成达成目标的有效心态。

医疗箱：
遭遇瞬时情绪怎么办

强大的防御力能让你在绝大多数情况下抵御情绪熵对精神的侵袭，但有时瞬时的情绪可能让你做出事后令自己后悔的行动。

有一次，我在地铁站看到两个人在楼梯上吵架，只是因为其中一人踩掉了对方的鞋而没有道歉。小拇指粗的青筋在其中一人的脖颈处暴起，站在稍高台阶上的男子不时做出推搡动作，处于下方的灰白头发的老人也丝毫不甘示弱，反手回击。相信旁边的许多人都和我一样揪着一颗心，生怕其中一人从楼梯上不慎跌落。

炒股也一样，看着自己想买的股票突然被一波拉起，之前做好的“逢低买入”计划完全被打乱，手指仿佛受到操控一般，打开交易页面，立刻以现价买入。须臾间股价又高于买入价时还不惜加价买入，生怕错失机会。然而，半小时后股价犹如过山车一般回落。前一刻还怕买不到的投机者，此刻又一次变成“高山上站岗的接盘侠”。

情绪劫持

为什么明明在理智上知道欠妥，身体却不受控制一般做出违背理智的行为？

这在脑科学中称为杏仁核劫持，又称情绪劫持。心理学家丹尼尔·戈尔曼在《专注》中指出，杏仁核在大脑中属于自下而上的神经回路，它比负责理性模块的自上而下的前额叶区传递信号更快。

这是几十万年间，人脑在不断进化过程中保留下来的基因特点。因为在充满危险的丛林中遇到毒蛇、猛兽时，杏仁核反应足够迅捷的祖先通常都能率先逃离，而杏仁核反应相对迟钝的祖先则往往死于蛇毒之下或者成为猛兽的美餐。

对于杏仁核劫持我深有体会，因为我自己经常在洗手间一见到蟑螂就忍不住大喊大叫并往后一跳，虽然明明知道那么小的生物不可能伤害到我这个人类，也知道我马上会被前来查看情况的妻子鄙视。

所以，由大脑杏仁核发出的情绪劫持是大脑侦测到危险时的应激反应，在最开始被激发的一瞬是很难通过理智控制的，而且这种反应写在了每个人先天基因的代码中，无法抹去。

但先天代码无法抹去就不能解决吗？并非如此。就如同你理解了吃多海鲜会痛风一样，哪怕你现在仅仅知道有情绪劫持这么回事，你也会有意识地干预，这就是认知驱动。更何况我们还能在最开始的应激反应后，通过一定的策略对情绪劫持进行过程上的控制。那么怎么控制呢？

情绪劫持最可怕的部分不是内在的情绪变化，而是因情绪变化而发生的行为。以前我在《行为上瘾：拿得起，放得下的心理学秘密》这本书里讲过行为原理模型：B=MAT。B是Behavior，指发生的行为；M是Motivation，指动机；A是Ability，指能力；T是Trigger，指触发条件。任何行为的发生，M、A、T这三个要素缺一不可。比如有一个电话打进来了，如果你一看是广告推销电话，你选择不接，这是没有接电话的动机；如果你两只手上都拿着重物，腾不出手来接，这是没有能力；而如果你之前把电话调成了静音，你压根儿就不知道有来电，这就是没有触发。

回到情绪劫持马上就要产生行为的场景：比如你和爱人吵架，两人情绪都很激动，此时双方充满继续吵架的动机，而且双方也有能力把争吵愈演愈烈。那么有效的办法是什么呢？

对，是阻隔进一步触发，无论是立刻出门，去小区里兜一圈，还是去咖啡馆、附近商城冷静一下，都是情绪劫持发生时进行控制干预的有效策略。等动机降低到阈值以下、不起作用时再回去。

所以夫妻双方可以约定，当进一步吵架马上就要发生时，其中一方可以按照约定离开吵架现场，这不是摔门而出，更不是离家出走，而是你们共同对抗情绪熵的亲密锦囊。

同样，为什么许多有经验的投资者都建议白天不要去看盘呢，难道真的是不在意股价的涨跌吗？当然不是，这也是一种规避自己被触发，继而发生情绪劫持行为的经验之谈。

情绪劫持的觉察与预防

如果情绪劫持发生的地点不是家庭而是职场，你就很难与同事更不可能和领导做好事前约定，而且你突然站起身离开会议室的行为还会被人解读为缺乏团队意识。所以，今天学习了情绪劫持这一小节的你，能力越大，责任也就越大，就有义务去觉察对方的情绪，在情绪劫持的前夕去做引导，把情绪劫持扼杀在萌芽状态。

这就需要你稍许理解一些人类微表情、微动作的知识。比如对方突然双手交叉在胸前，这就是开始不认同你观点的线索；对方的鼻孔开始翕动，这是“火山马上要爆发的前奏”；如果对方已经在语言上开始和你对抗，那就更不建议直接去反驳了。

在职场上，先解决情绪问题，再解决实际问题。

类似的觉察不仅可以用在别人身上，也可以用于自身。当你发现自己的呼吸开始浊重、不由自主地双手交叉在胸前、下意识地不愿意与对方做眼神交流时，此时你就处于危险的情绪劫持前夕。

在这种情况下，我亲测有效的技巧有两个。

第一，把注意力聚焦在身体。深深地吸入一口气，感受空气从鼻腔进入肺部，直至充盈；同时感受自己的臀部与椅子或者脚底与鞋面的接触感。这种注意力聚焦的方式有利于松绑部分情绪劫持，延缓它抵达阈值的脚步。

第二，是降低自己身体的重心。具身认知心理学的理论认为，生理体验和心理状态之间存在强烈联系，互为因果。通常人在愤怒中拍案而起，重心会同步抬高，此时情绪劫持就容易跟着发生；降低重心，先坐下来，甚至盘膝坐在地上，情绪劫持就容易由于具身认知的作用而收敛。

不过，如果以上这些经验性小技巧都无法让你避免进入情绪劫持的节奏怎么办？尤其当对方是你的上司，而且还是一个强势的上司时，此时你更不可能离开现场，你只能选择沉默，不断压抑自己吗？

当然不是，情绪劫持从来都不能靠忍来解决。在这种特殊场景中，我们可以使用“情绪遥控器”来尽可能降低情绪劫持对你产生的影响。“情绪遥控器”是下一小节我会详细和你解析的内容。

如何练就情绪劫持免疫

以上情绪劫持中和劫持前的干预控制、觉察和预防只是解决了眼前的问题，而不断提升被情绪劫持的阈值，尽可能地趋近情绪劫持免疫是我们践行情绪负熵的目标。心理学家阿德勒提出的“课题分离”，给我们练就情绪劫持免疫指明了方向。

什么是课题分离？它的本质是厘清“别人的事”和“我的事”。阿德勒认为，一切人际关系的矛盾都起源于对他人课题的妄加干涉，抑或自己的课题被他人干涉。遇到冲突时，我们特别容易把别人的“没有教养”“缺乏职业素养”当成我们自己的课题，认为对方这样做是不对的，“将来迟早吃大亏”，想要设法干预。

比如我的某位读者，她的领导开会迟到，会后却责问该读者为什么不提前打个电话提醒她。听到领导蛮不讲理、缺乏职业素养的责怪，该读者立刻感觉很生气，认为再这样发展下去，她的领导的职业生涯就要走到头了。但如果她懂得并理解了“课题分离”，厘清了“缺乏职业素养”是领导的事，而“为领导的行为独自生闷气”以及“我是不是该选择离开这类领导”是我的事，那她根本不必对“领导职业素养的课题”妄加干涉。如果她每次都能清晰地将极品领导与自己的课题分离，那么在离开目前的岗位之前，她就具备了面对该领导情绪劫持免疫的能力。

同样，回到地铁楼梯上吵架的场景。假如你被人踩掉了鞋，你应该回头瞪他一眼，然后要拉着这个“不长眼睛”的人教他做人、让他给你赔礼道歉吗？

不，你要蹲下来，穿好鞋，然后心平气和地同对方说：“对不起，对不起，我的错，我的错。”因为，对方是否有赔礼道歉的社会礼仪是“他的事”，继续赶路是“你的事”，你的时间、情绪更值钱。面对情绪劫持，学会了课题分离的你才真正是自己情绪的主宰。

“遥控器”：情绪负熵的6个“按钮”

情绪的产生是本能，但本能出现后你选择如何应对则是本事。所以，我为你准备了一个“情绪遥控器”，这个“遥控器”来自美国资深管理顾问贾斯汀·巴里索的《不忍不逃，正面掌控情绪》。“遥控器”上有6个“按钮”，我将结合自己在使用过程中的体会、经验，为你在关键时刻做出有效反应助力，而且在一些特定场景中，“遥控器”甚至还能起到提升情商的效果。

“暂停键”

我们在认知负熵的章节中讲过思考率的概念，这里再复习一下。它指你从感知到认知、从认知到决策、从决策到行动的过程中主动停顿思考的比率。未经训练的普通人，他们通常从感知一路抵达行动，以快人快语之姿在与人互动的过程中有心直口快、行动过于迅速的表现。

这在通常情景下无伤大雅，但在某些关键时刻，尤其在即将被情绪劫持时，不经控制就对没有认知清楚的信息进行决策，继而付诸行动，往往会让自己在事后懊悔不已。比如在烦躁的时候出言攻击，伤害到了亲密关系；或者在高兴时随便答应了别人的请求，做出了过度承诺……这些无疑会有损自己的个人品牌。

“暂停键”是“情绪遥控器”上很重要的“按钮”，它能帮你有意识地停下来思考。这句话我要怎么接？这么做会不会有风险？我是不是应该告诉对方明天再回复？

尤其当你觉察到自己已经在和对方就“维护自己的观点，而非目标”辩论时，请赶紧找个机会停下来或者转移话题，这样做才不至于让你们的辩论进一步升级成情绪之争、意气之争。

“音量键”

“音量键”的使用有两个维度，一个是输出端，一个是输入端。

从输出端来讲，人在情绪激动时特别容易不由自主地提高嗓门，并且还会下意识地设法让自己的声音盖过对方的声音，性格越强势的人越是如此。可是，强势带来的是我赢你输，而单赢意味着合作关系不会长久。此时，习惯强势的人如果能看清局势，通过刻意降低音量缓解局势，比如突然改用一种说悄悄话的语气，就会产生效果。毕竟，人心都是肉长的，看到你的突然转变，对方也大概率会做出相应调整。相反，习惯弱势的人音量通常都比较低，有时是因为怯场，有时则是放不开。所以习惯弱势的人反而要学着用丹田来发声，学会解放天性，通过刻意练习提高音量，克服恐惧。

从输入端来说，有些场合你无法避开，比如被领导批评，你不能逃，也不想忍，这要怎么办？你可以在头脑里想象他已被缩小，站在你的肩膀上，然后你在脑海里操作虚拟音量按钮，把对方的声音变得越来越轻，甚至变成有趣的声音。这种虚拟想象的方式能让你有效改变自身情绪，不过也要注意适可而止，不要因为想象过了头笑出声来。

"静默键"

你知道当一个领导或者伴侣陷入情绪化，开始批评指责你的时候，他们最不喜欢你做什么吗？答案是你开始解释。为什么呢？难道他们不在意糟糕结果的真正原因吗？

在我少不更事的时候，每当面对批评指责，尤其是激烈的批评时，我总想立刻告诉对方这件事情为什么会发生，我有什么解决方案。后来我读了克里斯坦森著的《创新者的窘境》后，才理解了在这个世界上，人们很多时候在追求两种价值。

一种是功能价值，它能解决物理世界中的现实问题。比如“多喝温开水”的确有利于缓解病痛，“这件事情是这样的……”的确能分析清楚根本原因，帮助找到解决方案。

但除了功能价值，人们还不自知地追求第二种价值：情绪价值。比如表达欲、优越感。面对咆哮，如果你在意这段关系，你就得设法为对方创造情绪价值。

怎么创造？答案很简单：按下“静默键”，最好还能根据对方的讲述内容，以你的肢体、表情，做好“眼睛忽大忽小，时而点头，时而微笑”的配合。这样对方就能从你的身上获得“我很重要”的情绪价值，继而消解愤怒或拉近关系。

“快进键”

“快进键”也是一种增加思考率的手段，它有两种用法。

第一，让你悬崖勒马。比如，你可能会在某一时刻有一种想要辞职不干的冲动。比如今天会上你被领导当众狠狠批评了一顿，或者隔壁部门一个同事兴冲冲地跑过来和你说她决定辞职了，这让你这个忍受了许久的人也有跟着一起裸辞的冲动。

此时，“快进键”就可以帮助到你，让你看到一时冲动的后果。这很可能是几个月后自己还在家里辛苦地投简历、找工作，面对HR的压价也毫无议价筹码。看见“快进”后的情景就能让你悬崖勒马，并且把目前的冲动化作更绵长地“一边工作，一边找工作”的动力。

第二，帮你疏解情绪。有时，我们会对某件事情过度在意。比如一次晋升述职失败，或者某次在大老板面前的表现失态。这种经历会让人在脑海里忍不住回到失败的场面，一次次地去反复经历和体会失败的感觉。

“快进键”在这里可以提供给你一个思维框架，想象10年后的你，再来看今天这件事情。这件事你可能早已淡忘，或者已经变成一个可以用来自黑或安慰别人的案例：“想当年，我考研究生时，满分75分的数学考卷只考了27分……”

“录制键”

“录制键”主要用来帮助别人处理情绪熵。无论对方是谁，如果他的情绪很激动，你可以找来纸笔认认真真地把对方讲的内容记下来。这依旧是一种情绪价值的实现，而且这次的实现更显性化，因为对方能实实在在地看见你在做记录，这表示你在仔细倾听，而且还很重视他。

除了给对方情绪上的抚慰，做记录的另一个好处是什么呢？做记录还能帮助你忍住插话的冲动，我们之所以会忍不住插话打断别人，很多时候是因为担心一会儿会忘记自己要说的话。所以做记录的时候，你完全可以把想要说的内容浓缩成一些关键词写在旁边，一会儿等到对方该表达的内容都表达完了，你就能根据自己的笔记有条理地给对方反馈。

这个策略是我从一位前公司的领导身上学到的。有一次，这位领导邀请我与他做一个沟通。很多高管喜欢享受表达的乐趣自说自话，会说一堆形而上的、飘在空中却迟迟难以落地的大方向。但他和许多领导不同的是，他选择让我来“输出”，而自己在一旁做记录。那次面谈结束后，我确实看到了公司做出的积极变化。

另外必须注意的是，当你选择记录对方内容的时候，除非你们俩都能同时看到屏幕，否则请尽可能不要使用笔记本电脑或手机，因为对方会误认为你正在一心二用，不重视自己，从而产生更大的情绪熵。

“开关键”

这是最后一个“按钮”，当需要按下“开关键”的时候，说明你需要休息了。

身体是情绪的载体，身体过载的时候情绪更容易被劫持。比如好不容易完成工作，感觉身体被掏空，正准备下班时，部门某个领导突然又提出一个紧急需求，让你不得不加班，这种场景是不是很容易让人抓狂？或者刚刚做完家务，正准备坐下来喝口水时，家人又要求你做其他家务，是不是很难重新站起来？而且就算你愿意超时工作，但身体的疲劳也会让你很难集中注意力。此时，你需要按下“开关键”。

当然，现实情况往往不允许我们按“开关键”。因为一旦按下“开关键”，我们在职场里的地位可能受到威胁，也容易与家里人发生冲突，这岂不是产生更多的情绪熵吗？

的确，正如德国古典哲学创始人康德所说：所谓自由，不是你想干什么就干什么，而是你想不干什么就不干什么。为了在想不干什么时不干什么，能有资格去按下“开关键”，实现休息自由和情绪自由，你需要学会财富负熵。

对，这就是我们下一章节要详细展开的内容。

第三章
03

财富负熵：实现财富自由的熵减法则

从本章开始，我们开始讲解财富负熵的内容。财富负熵是使用策略对我们的个人财富做功。它的目标不是让你赚到几辈子都花不完的钱，而是让你通过厘清思路找到路径，通过概率思维和经前人验证有效的策略，让自己在财务方面拥有稳健的正现金流，从而在现实与价值观发生冲突时，拥有“不想干什么时就不干什么”的底气。

定目标：财富自由需要多少钱

关于财富自由的思考

财富负熵是一个个动态的行动，财富自由则是财富负熵的重要里程碑。相信你对财富自由的概念并不陌生，目前比较流行的一种说法认为：当一个人的被动收入大于主动收入的时候，他就获得了财富自由。但在现实生活中，该定义存在三个误区。

误区一：如果主动收入本身就很少，假如1年的主动收入仅500元，被动收入超过500元就获得财富自由了吗？

误区二：由于每个人的消费习惯不同，财富自由对每个不同个体来说能否用统一标准来界定呢？

误区三：受通货膨胀因素的影响，就算现在的被动收入可以满足目前的生活支出，但难保未来可以持续满足。

读到这里，似乎可以感知到该流行说法缺乏相对合理、准确的目标，让人无的放矢。那么，到底有没有一个相对准确的目标，可以让我们在财富负熵的行动中能保持一个方向，始终对准那颗指路的“北极星”呢？

接下来我们将根据实际情况，一起来制定一个有机会实现的目标，共同探讨具体路径，从而看清我们到底应该怎样通向财富自由。

《钱：7步创造终身收入》的作者托尼·罗宾斯曾经采访过一些用户，他问受访人：“你觉得拥有多少钱可以生活无忧？”对方一开口居然是10亿美元。这位受访人显然是狮子大开口，但他哪怕把数字缩小，只喊1亿元人民币，也高估了自己的消费能力。这是为什么呢？

托尼·罗宾斯让这位用户详细描绘自己拥有10亿美元以后的生活情景，对方立刻说：“我要购置私人飞机。”

接着，托尼·罗宾斯开始算账：“一驾私人飞机的价格约为6000万美元，外加各种保养与人工费用，的确价格不菲。”然而，私人飞机在使用场景中属于低频消费，就算刻意提高使用频率，平均1个月也很难用到2次。

而如果用租赁的方式，成本约为2500美元/小时，按每次使用10小时计算，每月使用时长为20小时，年使用时长为240小时，则2500美元/小时 ×240小时=600000美元。这样看来，采用租赁的方式只需60万美元就可以随意使用，其成本只占购买成本的1%。而且每次还能使用不同款式的飞机，更不必在保养维护方面费心。当然，私人飞机可能离你我都挺遥远的，如果换成私家车你就更容易理解了。

以价值20万元的车为例，每月燃料、养护、保险、停车等各项杂费平均下来约2000元。如果我们每天使用网约车的费用为80元，一个月20个工作日也仅花费1600元。

虽然远不能和私人飞机1：100的租买成本比相提并论，但获得使用权的优势依旧好过获得拥有权。现在以使用权为认知基础，我们来进一步探讨你到底需要多少钱才算够花？托尼·罗宾斯以一位中年女性为典型用户作用户画像，该女性认为自己需300万美元才能不为衣食烦恼。经仔细计算之后，她的日常花销如下。

住房：17000美元/年；

交通：8700美元/年；

餐饮：6000美元/年；

水费、电费、手机费：3500美元/年；

服装、医疗、娱乐、学习：8000美元/年；

礼物、个人护理、烟酒、读书：2600美元/年。

总计：大约4.6万美元/年。

如果按照10%的年化收益率去做中长期投资，该女士大约需要多少钱才可满足目前的花销呢？答案是46万美元足矣，即4.6万美元 ÷ 10% = 46万美元。

下面，我们再来看一个中国一线城市家庭的用户画像。

租房：60000元人民币/年；

交通：20000人民币元/年；

餐饮：15000元人民币/年；

水费、电费、手机费：10000元人民币/年；

服装、医疗、娱乐、学习：15000元人民币/年；

礼物、个人护理、烟酒、读书：10000元人民币/年。

总计：13万元人民币/年。

依旧按10%的年化收益率去做中长期投资，一线城市家庭需要多少钱可满足目前花销呢？答案是130万元人民币，即13万元 ÷ 10%=130万元。

要知道，现在一、二线城市一套房都不止130万元，为什么这么少就够了呢？财富自由的标准到底是什么呢？

财富自由的标准与实现

2021年，胡润曾试图把中国一、二、三线城市财富自由的标准分别设定为1900万元、1200万元、600万元。但在我看来，如此高的目标无疑会让普通人望洋兴叹，放弃努力，选择躺平。而事实上，财富自由可以被分为五个阶段，它们分别是：财务安全、财务活力、财务独立、财务自由和绝对财务自由。

第一阶段：财务安全。该阶段代表你每月的被动收入能抵消基础消费（在短期不考虑通胀的情况下），从而不会由于主动工资收入的丢失而倍感焦虑。比如你每月的基础消费为5000元，每年则为6万元。你若拥有60万元存款，能做到10%的年化收益率，妥妥实现财务安全。而且失去工作后，反而会让你的支出费用进一步降低，因为你可以搬到地段更偏、租金更低的房子里，交通费用也会锐减，更可以自己买菜烧饭。

但正如我们前面提到的，由于通货膨胀的存在，就算近几年每年的被动收入完全可以满足支出，但把时间延长到3年、5年甚至更长的岁月，这点钱就会日趋捉襟见肘。因此，你还需要达到财富自由的下个阶段。

第二阶段：财务活力。该阶段需要你拥有更多被动收入。在考虑通胀的情况下，每月的被动收入还能抵消更有品质的消费。比如你每月平均消费1万元，每年则要消费12万元（这其中包含偶尔奢侈消费的费用，比如去瑞士做一次深度游，去马尔代夫或斐济度长假）。同时，按国际通胀警戒线3%计算，每年还需一定的费用用来对抗通胀。因此，在保证资产10%年化收益率的前提下，如果使用总资产增益的7%用于消费，你需要有约172万元（172万元×7%≈12万元），即可实现财务活力。大多数人通过努力，在一线城市或二线城市朝阳行业扎根奋斗，都有可能踏入财务活力的阶段。

第三阶段：财务独立。在考虑通胀的情况下，每月投资收入远大于不奢靡的优质消费。比如你每月消费3万元，每年则是36万元。同样按国际通胀警戒线3%计算，每年还需一定的费用用来对抗通胀，同样在保证资产10%年化收益率的前提下，如果使用总资产增益的7%用于消费，你需要有约515万元（515万元×7%≈36万元），即可实现财务独立。达到了该阶段后，你就再也不用为钱烦恼了。乘坐头等舱、住酒店、住豪华套房基本不是梦想了。

因为普通人的消费能力很难一个月花掉3万元，所以如果你踏入了该阶段，这辈子基本上不会再去考虑什么车厘子自由，而是会专注在怎样摄入合理的卡路里，追求身体负熵的人生。人生能达到财务独立，精神世界的追求将成为下一阶段的目标。

第四阶段：财务自由。该阶段除了比财务独立阶段可以多做慈善事业去帮助弱者之外，其他方面并没有太大区别。如果一个人可以被动年化收入达到100万元，就基本踏入了财务自由的领域。

第五阶段：绝对财务自由。绝对财务自由听起来不错，但此时金钱的增长带来的其实很可能是负效应。有钱人虽然有钱，但毕竟也有有钱人的烦恼。

所谓知足常乐，作为普通人的我们，把目标聚焦在保证达到第二阶段财务活力，争取达到第三阶段财务独立足矣。更何况，谁说达到财务活力后就规定不准工作呢？你可以去做一份收入不太高但很有意思的工作，甚至每几个月就换一份工作，去体验不同的人生，享受不一样的员工福利。

我曾和妻子在度蜜月时偶遇一对德国夫妇，他们在马尔代夫的小岛上帮当地人租赁浮潜设备，下班后手牵手一起欣赏夕阳；我也曾在泰国兰塔海岸线上，见过坐在沙滩椅上写作的旅行作家。这些都是我们在实现财务独立后可以去做的有趣选项。

说完了财富负熵的北极星目标，那么具体要怎么实现呢？我们回过头来看公式：被动收入=本金 × 年化收益率，所以想要踏入财务独立阶段，我们有以下三条路可以走。

路径一：省钱。你没看错，第一条路居然是最简单的省钱，把消费的钱变成可以投资的钱。你知道巴菲特为什么爱喝樱桃口味的可口可乐吗？答案是樱桃口味的可口可乐经常打折，所以股神也爱通过购买打折商品省钱。

路径二：提升主动收入的能力。这方面本质上是职场技能的提升。正如我在前面的章节中讲的，职场是胜率高、赔率低的场所，所以你需要把较大部分的时间和精力押注在其中，并且通过认知负熵，选择喜欢且成事概率更高的项目去做。通过情绪负熵，与他人良好协作，种下善因，就会收获升职加薪的善果。

路径三：掌握年化收益率达到10%的技能。你可能会觉得10%的年化收益率很难，的确，从短期来看，别说10%的年化收益率，就连不赔钱都已经可以超过70%的投资者了。但倘若把投资周期延长到5～10年，10%的年化收益率甚至12%～15%的年化收益率也是完全有路径和策略可能实现的。这也是我在财富负熵下面的内容中要详细和你分享的。

选路径：为什么不买股票而买基金

现在，除了依靠主动收入来积累本金之外，我们已经基本厘清了财富负熵的目标：掌握平均年化收益率10%的手艺。接下来，就是选择大于努力的部分：我们的任务不是极度保守地只买年化收益率4%左右的理财产品，更不是通过高风险地买卖股票赚取差价，而是选择合适的路径，通过践行被前人验证的路径来平稳抵达目标。

为什么不提倡买股票

你可能经常会听到一些财富逆袭的故事：甲买了互联网股票，赚得盆满钵满；乙买了白酒股票，到现在已经涨了5倍……我们不否认这些个案的存在，但我不提倡选择股票这条路径主要基于以下两个重要原因。

原因一：对于普通人来说，股票投资的胜率不高，赔率还高。我们之前讲了概率思维，概率思维要求我们在进行决策时要考虑胜率、赔率和下注比率。巴菲特的老师本杰明·格雷厄姆曾经说过，股票短期是投票机，长期是称重机。投票机意味着不稳定，今天和明天的表现差异往往很大，短期股价容易被不可控的消息、广大股民们的情绪所驱动。只要你交易过股票就能理解，在与股票接触的过程中，你随时会被恐惧和贪婪这两种情绪劫持，经常会看到涨了就贪婪得想追，看到跌了就恐惧得要逃，陷入高买低卖的亏损旋涡。真正要做到巴菲特所说的“别人贪婪时我恐惧，别人恐惧时我贪婪”是十分困难的。

所以这也就导致了股票短期投资7亏2平1赢（70%的人亏损、20%的人不亏不赚、10%的人盈利）的概率分布。所以，如果仅仅观察胜率，普通人是不是很难挤入前10%的行列？

看完了胜率，我们再来观察赔率。华尔街有一个经验法则，叫作80/50法则，即一支股票有80%的可能性会从最高点下跌50%；有50%的可能性会从最高点下跌80%。如果你去翻阅国内股票的历史数据，大都也符合该法则。

你可能会反问，你怎么不说那些多年上涨10倍、20倍的个股，那些长牛股的赔率可高了。你说的的确符合事实，但需要注意的是，我们虽然不否认现在买入的某支股票将来的确有持续上涨的可能，但股票上涨不像理财产品，不是线性缓慢上涨的，而是有很大波动。这个过程中的颠簸会让持有股票的投资者感受到很差的持有体验，这也意味着绝大多数投资者都会半路被迫下车，只有极少数投资者才可能在长期过程中赚取丰厚的收益。

比如亚马逊的股价虽然从1999年到2021年年底（股价约1900美元）实现了600倍的增长，但曾经也有过从113美元下跌到6.98美元，即回撤（下跌）超过90%以上的经历。这样的持有体验并不是普通投资者可以驾驭的。

而且，当日内波动过大时，也会引起投资者的强烈不适，以致让人忍不住出手交易。“买入买在山岗上，卖出卖在谷底下”，就是这样出现的。所以在很多长期持有并最终获得巨大收益的案例中，经常看到的是那些买了股票后忘记了，多年之后翻出来一看，才发现原来已经涨了那么多倍的人。

综上所述，面对胜率、赔率都很低的股票，如果你不是极为专业的投资者，如果你未曾拥有一颗强大的内心，建议你在下注比率这个维度上投入很少一部分资金买入股票，作为你“不服输”或者“解手痒”、输了也就输了的“娱乐性专项款”。

原因二：单一股票往往具有脆弱性。你经常会听到身边人拿过去长期上涨的股票来举例子，然后告诉你现在的某支股票就是当年的优质股。但现在他们之所以能把这些所谓优质股的名字报出来，是因为幸存者偏差效应，大量曾经的所谓优质股都已经在漫长的历史中“泯然于众人矣”。就像我们如果穿越回2000年甚至更早一些时候，就一定会借贷买房致富，但这是以上帝视角从诸多路径中用倒推出来的选择谈投资。

更何况过去不代表未来，你也不知道过去长期上涨的股票是否会在未来某个时间点突然遭遇黑天鹅事件（小概率事件，一旦发生就会产生巨大影响），或者它的第一曲线（目前的强势业务）会不会就走到尽头了呢?

所以，相信之前已经理解了自我复杂性概念的你现在立刻就能明白：除非你买入大量不同赛道的股票，否则就好比买了只有一条桌腿的桌子，这样的投资在顺风顺水时期的确不错，而一旦桌腿出了问题，由于复杂性的缺失，整个投资结构就会十分脆弱。

买基金的本质是认知变现

说完了不买股票的理由，我们再来讲讲买基金的逻辑。购买基金的底层逻辑本质是你的认知变现，这种认知变现可以体现在三个方面。

第一，买基金买的是一张具有自我复杂性的桌子。因为无论是指数基金中的宽基（例如上证50，指在上海证券交易所排名前50规模的股票所组成的基金），还是窄基（医药、消费、汽车等行业基金），它们都是一揽子股票的组合，而且这个组合每年都会发生变化，这就决定了指数基金很少会由于少数企业的突然衰落而从此一蹶不振。

所以，针对指数型基金，你可以不用过于担心回撤（下跌）后涨不上来。同时，正因这些基金的业绩由多家企业联合构成，比单一企业更能抵御风险，加上市场规律决定价格总会发生均值回归，因此，指数型基金几乎不用止损，在下一轮牛市来临的时候大概率会涨回来甚至创新高。你唯一需要注意的是尽可能不要在它们被高估的时候买入。

第二，买基金是对未来需求的预判押注。美国华盛顿大学企业管理博士黄力泓曾经分享过他的一次投资经历：2008年的时候，国内房价已经开始攀升，不过黄博士的着眼点并非在房地产上，他看到了汽车在未来将有巨大需求，根据国外经验，停车难的问题必将发生。有了这样的预判，加上彼时停车位还有很多滞销，黄博士团队就立刻着手行动，购买或签订长达10～15年的租赁合同。果不其然，从2010年开始，预判的情况发生，黄博士团队在停车位这样一个未被普通人发现的价值洼地中赚到了对未来需求预判的钱。

如果回过头来分析，胜率高不高？高。赔率高不高？高。但需不需要一定的时间才能让价值显现出来呢？当然。所以，大多数胜率和赔率双高的投资都需要跨期实现。

在过去，人们要通过认知变现，往往需要亲自与人洽谈，订立合作协议。而在今天，你只要看好某个细分行业，通过购买该细分行业的窄基基金，就可能赚取认知变现的收益。

第三，买主动型基金是购买基金经理的认知与经验。前面我们讨论的主要是指数型基金，还有一种基金叫作主动型基金，这是基金经理根据他的认知和经验构建的股票组合。

比如世界上最著名的主动型基金就是巴菲特的伯克希尔·哈撒韦，它的年化收益率从1957年到2021年年底平均在20%左右。当然，一份伯克希尔·哈撒韦–A可不便宜，2021年10月份的价格为43万美元。幸好巴菲特是一个很有良心的基金经理，他在1999年分设了伯克希尔·哈撒韦–B，其2021年10月份的价格大约在290美元，比起1999年时的27美元，也增长了大约10倍。

但你可能会认为，购买巴菲特的基金离我们太远。其实国内也有不少非常优秀的老牌基金经理。而且最重要的是，我们的要求不高，只求年化收益率达到10%。所以，只要你能克服人性中渴求即时满足的缺点，愿意用3～5年的时间去延迟满足、跨期满足，我们完全可以把闲钱交给长期表现良好的基金经理去打理。

那如果这位基金经理跳槽、创业或者去做私募怎么办呀？你忘记自我复杂性了吗？多一条桌腿，多一份反脆弱性。把钱分成多份，交给多位优秀的基金经理，让这些经验丰富的基金经理为你打工，享受更稳健的增长。

认识历史：
10%的年化收益率并非遥不可及

现在你已经理解了购买基金要比购买股票的胜率更高，它可能成为我们通往财富自由目标的路径。但与此同时，你的心里或许仍旧存有疑虑：平均年化收益率10%是不是太高了，这个目标会不会遥不可及呢?

三个历史数据

我曾经也有类似的困惑，直到我看到了三个历史数据。

第一个数据来自投资经典书籍《股市长线法宝》。这本书记录了美国股市从1802年到2002年这200年间四类资产年化收益率的情况，其中黄金的年化收益率为2.1%，短期国债的年化收益率为4.2%，长期国债的年化收益率为5.2%，股票的年化收益率为8.1%。

看到这组数据，有两个疑问出现在我的脑海中：国外的数据不能代表中国的情况吧？股票的年化收益率达到了8.1%的确不算低，但好像和10%的目标还有一些距离。

于是我又翻出了国内的数据。

第二个数据是对于沪深300指数的分析。沪深300指数代表上海和深圳两个证券市场中规模大、流通性最好的300支股票组合而成的指数。该指数以2004年12月31日为基日，基日点位为1000点，而在2020年12月31日，沪深300指数为5211.29点，16年间上涨了5.21倍，平均年化收益率达到了10.87%，即（$1+10.87\%$）$^{16}\approx5.21$。

中证500指数，是剔除沪深300指数这300支股票之后，总市值排名靠前的500支中小市值的股票价格表现。该指数也是以2004年12月31日为基日，基日点位也为1000点，而在2020年12月31日，中证500指数达到了6367点，16年间上涨了6.36倍，平均年化收益率达到了12.26%，即（$1+12.26\%$）$^{16}\approx6.36$。

但这里存在一个问题，我们无法以指数基日的价格购买。如果用基日点位1000点来计算，虽然年化收益率达到了10%以上，但这样来计算会不会太理想化，无法在真实世界中践行呢？

于是我又去寻找更接地气的数据。

第三个数据来自定投策略。假如我在2015年6月1日那天突然觉醒了，了解到一种基金定投的策略，即在固定时间（如每月

8日）去购买固定金额的基金，并以此去实现财富负熵。假设每月投入1000元去定投沪深300指数基金，那么到2020年12月31日，我的年化收益率会变成多少呢？

通过计算，5.5年间（从2015年7月算起）总共投入了66000元，最终能获得109270元，总收益率约为65%，增长了1.65倍，即5.5年间的年化收益率为9.6%，即（1+9.6%）$^{5.5}$≈1.65。即使2015年6月1日的点数几乎是近10年以来的历史高位，但该收益率看起来还是非常可观的。

但如果我定投的目标不是沪深300指数基金，而是中证500指数基金呢？因为当时的中证500指数相对沪深300指数而言处于低位，所以收益结果则大不相同。同样投入共计66000元，但最终只获得73198元，总收益率约为10.9%，增长仅为1.109倍，即年化收益率只有可怜的1.9%，即（1+1.9%）$^{5.5}$≈1.109，连货币基金2%左右的收益还不如。这该如何是好？

都说基金定投如果要获得相对可观的收益，要在指数历史百分位相对较低的区间做。所以，假设从2018年12月31日开始定投沪深300指数基金，每月投入1000元，到2020年12月31日时，总计投入24000元，最终获得31299元，总收益率约为30.4%，增长了1.304倍，其年化收益率可以达到14.2%，即（1+14.2%）^{2}≈1.304。而同样在2018年12月31日开始每月定投1000元中证500指数基金，总投入同为24000元，最终获得28671元，总收益率约为19.46%，增长了1.1946倍，年化收益率则能到达9.3%，即（1+9.3%）^{2}≈1.1946。

当然在现实生活中，我们既不会那么倒霉，在历史最高点开始定投，也没有那么好运，在历史最低点开始定投。但在历史百分位相对较低的区间，比如低于20%时开始展开定投行动是完全可以做到的。更何况现在有许多软件和公众号都会提示目前某类指数基金处于什么样的历史百分位，这就给了我们普通投资者参考，让我们可以有的放矢地进行指数基金定投。

减震的技术

相对可观的年化收益率我们已经看见了，但即使如此，在定投的过程中，我们依旧可能需要去承受20%～30%的最大回撤。

尤其对于投资新手来说，每月投入1000元，但每月看到基金的价格跌跌不休。这种情形很容易让人被恐惧情绪劫持，让人在最绝望的时候选择统统赎回，认赔出局。所以，有没有一种办法可以降低最大回撤，让我们能扛住波动，设法赚到这10%的年化收益率的红利呢？为了能够获得它，我们得向数学老师请教。

美国普林斯顿经济学教授马尔基尔在他的经典著作《漫步华尔街》里曾经举过一个鲜活的例子：

> 从前有个小岛，岛上有两家头部公司，一家经营度假胜地，另一家则是雨伞制造商。只是这两家公司都得看天吃饭，因为天气晴朗时，度假胜地就会生意爆棚，赚得盆满钵满；而倘若阴雨连绵，雨伞公司则会销售业绩大增。

于是，条件给定后，数学题就来了：已知一年52周，如果50%的时间天气万里无云，50%的时间为雨天，与此同时，这两家公司在对自己有利的天气里都可以大赚50%的利润，而在天气对自己有害的情况下，会亏损25%。求这两家公司的平均收益率会是多少？是不是非常简单？答案：（50%–25%）/2=12.5%。

但是，如果你只把资金押宝在其中一个公司的股票上，接着好巧不巧，你又遇到了极端天气。比如你买了度假胜地公司的股票，但当年大多数时候都在下雨，你是不是就不得不承受趋近25%的亏损呢？

那怎么办？这个数学故事背后的解法实际上是显而易见的，只要你持有两个公司各一半的股票，那么无论天气如何，在这个组合投资中，你都能获得12.5%的稳妥回报。

没错，这就是负相关资产组合后能带来的美妙效果。同时，这也是资产组合的意义，它能有效帮助你消除波动，让你的收益变得稳定。

这种资产组合就是同时购买股票和债券这两种投资品类，这样做可以在一定程度上做到风险对冲。

虽然股债双杀（一起跌）的情况不能说完全没有，但它出现的频次相对较低。所以，这也是我们经常可以在基金市场上看到许多混合型基金、“固收+”基金存在的原因。比如有一类基金采取债9股1的配比，90%的债券如果可以稳定获得4%～5%的收益，就能完全弥补10%的股票类基金可能存在的40%～50%的波动风险。如此一来，这个组合就可以基本认为是保本的，而且在股票部分获取的收益可以认为是投资该组合产生的额外奖励。同样，如果采取债5股5的配比进行资产组合，每年做一次再平衡，也可以获得较好的收益。

所以，无论是涨是跌，这种股票和债券一半一半、每年再平衡的方式，不仅可以缩小你的投资波动，还能在客观上帮助你克服人性，实现低买高卖，在股市上涨周期保住盈利，在股市下跌周期加大投资。

当然，股债配比的方法在降低最大回撤的同时，也会降低你的年化收益。所以只有等你在多年的实际操作过程中积攒了足够丰富的经验后，才可以动态地根据不同的市场周期去调整股票和债券的比重。在防御下跌时多配债券类基金，在进攻上涨时多配股票类基金。只要你根据设定好的策略严格执行，那么通过正常市场波动，你也很可能获得稳定而可观的市场回报。

认识自己：克服人性弱点才能赚取收益

前面我们理解了基金的配比，但如果践行不起来仍旧会演变成“知道那么多道理却依然过不好这一生”。这是因为仅仅知道别人是怎么成功的远远不够，我们还需要知道大多数人是怎么失败的。正如巴菲特的合伙人查理·芒格说的：“如果知道我会死在哪里，那我将永远不去那个地方。”那么大多数失败的投资者会在哪里失败呢？答案是频繁交易。

频繁交易的陷阱

统计表明，频繁交易的投资者的损失远大于其收益。因为每笔交易都有交易费用，而且人性中的贪婪和恐惧又总是会把人们推往追涨杀跌的不归路。如果你曾有过投资经验，你的交易是否频繁呢？面对损失，你恨自己管不住手吗？事实上，交易上瘾也是行为上瘾的一种。

我们以前一直以为打游戏上瘾、购物上瘾、追剧上瘾才叫上瘾，然而从本质上来说，凡符合大脑的奖励机制，让你产生“做了还想做”的行为，都是行为上瘾。

我们可以做个思想实验：想象你的眼前有个按钮，你按一下，手机就会立刻收到短信，提示你的银行账户里进账100元。如果四下无人，你会不会去按第二下、第三下、更多下？大多数人都是忍不住的。而如果我们继续升级这项思想实验：如果你按了3下后，已经进账了300元，但后面就开始时灵时不灵了，你又会怎么做呢？是的，你会没事儿就想去按一下，想看看手机到底有没有收到进账提示。这就如同游戏中掉装备的随机性。随机性更容易让人上瘾，而短线频繁交易让你时赢时输就是这种随机性。因为每次买入后上涨的经历让你的大脑分泌大量多巴胺，让你享受“买入上涨获利”的反馈。大脑为了获得更多、更大的这种反馈，在现有基金滞胀或者下跌的时候，就会焦虑。

焦虑给了你卖出现有基金去追击上涨中基金的动力，如此循环，追涨杀跌的动作就在人们的无意识中形成了。

我也曾落入频繁交易的陷阱，那段时间我几乎每天都要交易一次。如果不是我国的交易制度是T+1，即交易后第二天才能再次交易，当时的我很可能会在一天内多次交易。那么，我是怎么从频繁交易的陷阱中爬出来的呢？在理解了行为上瘾的本质后，有三个使用起来行之有效的方法可以供你参考。因为从本质上来说，频繁交易的行为仍旧符合我们之前说过的这个公式：B=MAT，即行为=动机 × 能力 × 触发条件。

B是Behavior，指发生的行为。在频繁交易中，交易是人最后做出的行为。

M是Motivation，指动机。巴菲特口中恐惧和贪婪所产生的焦虑，都是人类交易背后的动机。

A是Ability，指能力。中国的场内基金，在没有T+0的交易限制下，如果一个交易者今天的所有资金都已经买卖过一次，那么后面无论如何涨跌，T+1的规则限制也会让他失去买卖的能力而无法付诸任何行动。

T是Trigger，指触发条件。比如你和别人聊天时恰好讨论到你持有的场内基金，于是你打开手机一看，发现价格骤降，由于恐惧情绪的作用，你就会不加思考地降价卖出。这里的你与别人聊天讨论促使你打开手机查看，就是我们说的触发条件。

好，频繁交易的本质你已经理解了，它们分别是M、A、T对应的动机、能力、触发条件。这三个因子缺一不可，下面的这三个方法会分别对这三个因子逐一攻破。我们先从最简单的降低触发条件开始。

方法一：降低触发条件

请你回忆，每次你按捺不住做出交易前，你看到的是什么？是不是很多次都看到自选基金里其他基金涨势凶猛？

没错，就算你拿着全市场最好的基金，它们也不可能天天疯涨，而当你又被自选基金里其他基金的上涨诱惑时，触发条件就形成了。此时，你就非常容易被情绪劫持，很难控制住自己想要交易的冲动。

2019年时我还在交易股票，当时的我只持有两支股票，这让我在该年的收益率达到了79%。我是怎么做到的？

不是我有多强的自控能力，而是我把自选股里除了这两只以外的股票统统都删除了。这样就算在盘中打开了交易软件，也由于没有其他股票的触发条件诱惑而产生冲动的操作，从而在客观上拿住了当年的牛股，获得了可观的回报。所以，假如你也想降低触发条件，避免交易上瘾，也可以在交易软件中只留下极少数自选基金，降低自己因情绪而产生计划外行动的概率。

方法二：增加摩擦成本

基金交易尤其是场内基金的交易太方便了，现在只要拿出手机操作2～3秒就能完成交易。所以，场内基金交易的便利性反而害了你，让你被情绪劫持后更容易付诸行动，追涨杀跌，产生亏损。

怎样才能增加摩擦成本、控制交易能力呢？答案是别做场内基金，尽可能去交易场外基金吧。

这里先对不了解场内、场外基金的读者做一个知识普及。所谓场内，其实就是二级市场，一些ETF、LOF（这些术语你都可以在网上查到，这里就不再赘述）基金都可以在二级市场进行实时交易。场内交易的好处是按你交易时的价格交易，而且交易成功后可以立刻成交。而场外交易是通过银行、证券公司或者其他互联网平台进行的基金交易，这些场外基金的成交时间都以交易日下午3点为准，在此之前的买入或卖出都可以撤销。所以这就给了我们很大的回旋余地，用理性的慢思考代替因情绪劫持而带来的快思考。

当然，挑选什么样的基金还是很有讲究的，我们会在后面的内容里详细讨论应该如何分析和配置才能稳中有胜。所以，如果你也想控制自己避免频繁交易，你可以通过购买场外基金代替买卖场内基金，用增加摩擦成本的办法来控制自己。

方法三：堵不如疏

说完了B=MAT中的触发条件和能力，还剩最后一个动机。恐惧和贪婪这两种情绪是人类物种与生俱来的天性，天性要如何规避呢？天性不能规避，但天性可以疏导。

前面讲过，从长期来看，美国股票200年间的平均年化收益率为8.1%。在我国，经合理的资产配置后，长期年化收益率会超过8.1%。资产配置这种投资方式虽然有效，却也是反人性的。它有时缺少涨跌的波澜，这会让投资者感觉十分无聊；有时又如钝刀子割肉，总净资产每天下降一点点，这又让人的内心极为煎熬。那么在这些无聊或者煎熬的时刻，我们要如何疏导人类的天性呢？

答案正如我们前面说过的：你可以拿总投资额5%左右的资金在短期低胜率、负赔率的股市或者场内基金中给自己“解手痒”。如果运气好，侥幸获得了不错的正收益，则皆大欢喜；就算出现大幅亏损，那也只是你全部资产中的九牛一毛。它们所承担的主要作用是满足你耐不住寂寞的情绪需求罢了。

认识周期：聪明人选择在胜率高时做功

这一节会略微有些晦涩难懂，但对于想要实现财富负熵的你来说又很必要，所以我会尽可能说得通俗一点。

认识周期

什么是周期？它是一组事件或现象按时间或空间间隔，形成相同顺序重复出现的现象。白天黑夜是日夜周期；春夏秋冬是季节周期；繁荣、滞胀、衰退、复苏是经济周期。日出而作，日落而息是人们对日夜周期的利用；春耕、夏耘、秋收、冬藏是人们对季节周期的深刻理解。那么，在经济繁荣、滞胀、衰退、复苏时投资者又要怎么做才能踩准周期，顺势而为呢？

首先，我们来看繁荣期。繁荣意味着经济昌盛，市场一派欣欣向荣。在市场中，各类股票型基金屡创新高。此时，大部分投资者账户浮盈，每日喜逐颜开。市场之外，赚钱效应让人趋之若骛，投资启航。然而，疯狂之下，PPI（生产者价格指数）却身处高位，CPI（消费者物价指数）也在显著上行。表面上的繁荣却掩盖不了实体企业因PPI处于高位感受的成本压力，原材料大幅涨价导致的必然结果也是对企业利润的大幅侵蚀。与此同时，伴随CPI抵达警戒线，央行开始应对：利率提升，货币收紧。而这又将成为压在企业肩膀上的稻草，让它们不堪重负。所以，财报公告之日便是公众哗然、股价应声大跌之时。

在繁荣期，通常大宗商品类（如有色、煤炭行业）基金或者消费类（如食品、饮料）基金会有较大上涨。因为PPI处于高位会让钢铁、煤炭、有色金属等商品享受价格上涨的红利，CPI逐渐抬升也会让食品、饮料等行业基金分享指数上升的红利。此时的繁荣期还有另一个词汇可以形容，即过热。

过热之后，周期走向滞胀期。在滞胀期经济的增长开始停滞，同时伴随通货膨胀。此时，GDP增速放缓，CPI却依然一路攀升，产出降低，物价飙升。此时如果用宽松的货币政策刺激经济，物价必然继续上涨。倘若放弃宽松的货币政策，经济又要面临持续滑坡。所以在滞胀期，两难之下货币工具失效。

但利率会跟随通胀上行，由于新债年化收益率高，此时人们会放弃老债，购买新债，债券走熊。同时，企业利润继续下滑，股票型基金也将走熊。在滞胀期会股债双杀，怎么办？作为投资者，此时的核心策略是避险。

策略一，配置类现金无风险资产，比如货币基金。虽然通胀还在，但两害相权取其轻，货币基金的无风险利率可以抵消部分通胀。

策略二，配置贵金属，比如黄金基金。配置贵金属虽然无法生产额外收益，但在通胀期，配置贵金属无疑可抵御通胀。

策略三，投资刚性行业，比如能源、医疗基金。因为在任何时期，公用事业或生病治疗是刚性需求，用户对此价格不敏感，投资刚性行业的收入更有保证。

滞胀期之后便是衰退期。当周期的轮盘从滞胀滚动到衰退，经济增长依然疲软，但CPI开始回落，通胀下降；货币出现宽松的需求。当经济下行达到底线，货币的宽松政策便开始启动。利率不断走低之下，新债发行的年化收益率过低，人们更愿意购买老债，债券市场在衰退期中首先抬头雄起。此时，聪明的投资者早已在债券基金里布局，静静品尝这种低风险高回报的认知变现。与此同时，随着宽松政策加大，金融体系也开始受益，银行、保险基金将开始轮动上涨。

新一轮牛市也在绝处悄悄逢生，开始孕育。物极必反，否极泰来。衰退过后，复苏就必定到来。复苏期犹如春暖花开，大地初醒，冻土化冻为良田，坚冰融化成小溪。经济增长强劲，通胀还很良性。低利率让企业融资扩张的意愿强烈。扩张需要贷款，这让金融企业继续受益。随着时间推移，企业盈利显著改善，原材料需求放量，PPI触底反弹。直到PPI再次过高，复苏再次走向繁荣……万事万物都有规律，经济周期就是规律之一。

霍华德·马克斯说，智者始，愚者终。意思是说，只有在一个周期趋势的早期行动，才能成为笑到最后的赢家。所以，当你能在不同的周期来临前，认识周期并提前布局，你就有更大的可能在财富负熵之路上事半功倍。

理解四类跨度的周期

现在，你已经理解了一个经济周期从繁荣、滞胀、衰退到复苏，再到下一轮繁荣的全过程。但这样周而复始的周期延续的时间并不固定，不同类型的周期就仿佛俄罗斯套娃一样，彼此嵌套。

从不同的延续时间来看，它们总共分为四类。

第一类周期：基钦周期（约3年一次）。基钦周期也被称为库存周期，由美国经济学家约瑟夫·基钦于1923年提出。人们都有机会通过把握厂商库存导致的周期性，在资本市场上赚取商品价格波动的收益。

具体是怎么样呢？比如猪肉周期就是典型的基钦周期。当猪肉价格过高时，养猪户就有很强的积极性去饲养仔猪，但由于大多数人都如此行动，生猪出栏后供给大幅增加。在需求变化较小的情况下，猪肉价格就会走弱。降价后，养猪户发现养猪无利可图，继而另谋出路。一段时间后供给就会减少，而需求依旧不变，价格再次攀升。整个价格一涨一跌的过程即为基钦周期的过程。无论是猪肉、半导体还是有色金属、煤炭的价格变化，都符合基钦周期。如果一个投资者在周期型行业基金跌到谷底处逐步建仓，在它们的价格攀升到顶点附近逐步离场，那么他就能赚到理解了基钦周期而产生的收益。

第二类周期：朱格拉周期（约10年一次）。朱格拉周期一般包含三个基钦周期，通常周期为8～10年。提出朱格拉周期的克里门特·朱格拉之前是一位法国医生，但后来成为经济学家，还发表了著作《论德、英、美三国经济危机及其发展周期》。

如果说基钦周期是因为商人对于商品库存的把握滞后于市场实际情况而造成的波动，那么朱格拉周期则是在更大范围内因经济刺激用力过猛而形成的周期变化。比如降低利率（行动一）可以刺激市场繁荣，但如果降低利率后效果并不显著，进一步的刺激手段（行动二、三、四……）可能就会提上日程。然而每个行动都有它的反馈滞后，而且各行动的滞后时间也会因市场状态不同而不尽相同。

所以，没有任何一个经济学家可以精确指出当下的行动是矫枉过正了，还是行动不足。只有当经济出现了显著向上或向下的拐点时，各类经济、货币工具才会被暂时停止调动，这也意味着朱格拉周期从一个阶段走进了下一个阶段。

你可能立刻得出一个结论：如果谁能敏锐地捕捉到每个阶段的拐点，就有可能抄底、逃顶成功。是的，所以如何辨别朱格拉周期的阶段，也是模型预测者偏爱的内容。比如就有学者总结和预测：在2007年、2015年、2024年、2032年、2042年都将出现朱格拉周期的股市牛市峰值。因此，在这些关键节点附近，布局自己的投资可能就是非常明智的选择。

第三类周期：库兹涅茨周期（约20年一次）。库兹涅茨周期主要预测的对象为建筑、房地产行业，该周期一般包含两个朱格拉周期，每隔20年左右会出现一次。发现这个规律的学者西蒙·库兹涅茨是美国经济学家，他是1971年诺贝尔经济学奖获得者。库滋涅茨教授在研究了欧美主要国家的经济史后，发现每隔15～25年，建筑业就会兴衰一次。

要解释这个现象背后的原因其实也并不复杂，因为无论是东方人还是西方人，大家在20～30岁结婚时都会有婚房刚需，在国内人们可能直接购买新房，在国外人们可能会租房。

但房子买来、租来后总有装修、买家电等一系列需求，这些需求造就了建筑、家电产业链的欣欣向荣。就拿我国来说，从1999年住房改革开始到2019年这期间，无论是房地产行业基金还是家电行业基金，它们都享受到了这些年住房刚需产生的一系列需求红利。

那20年之后，又会发生什么呢？答案是当年的那波青年变成了40～50岁的中年人。中年人有了相当一部分财富的积累，也就有了改善住房的需求，所以这波需求就又能让提供相对高品质产品、服务、建筑或家电的行业获益。与此同时，他们的子女也逐步到达适婚年龄，房屋翻新、家电更新的需求自然也会显著。所以，从这个逻辑出发，你去观察一、二线城市人口的年龄结构，就能大致判断出目前库兹涅茨周期大约走到了什么位置。当然在中国，除了库兹涅茨周期，在和房地产有关的投资中，你还要结合“房住不炒”的政策，才能判断你的投资决策是否更精准。

第四类周期：康波周期（约60年一次）。被誉为周期之王的已故中信建投首席经济学家周金涛曾说：“人生发财靠康波。”

他生前曾做出预测：A股在2008年、2019年、2030年会有三次重大机会，2019年尤其是一个非常特殊的时点。事实证明，在2019年的确开始了一次为期两年左右的牛市。

不过就算你没有把握到这次机会也没有关系，因为你还有一次机会，后面的内容会讲到，还是让我们接着了解什么是康波周期。康波周期最早的发现者是俄国经济学家康德拉季耶夫。后来有学者认为，康波周期由技术创新带动。通常来讲，康波周期会包含三个库兹涅茨周期，每轮周期都以一条技术创新为主线，引领人类世界走上一轮又一轮的“繁荣、衰退、萧条和复苏”。

第一轮：蒸汽机技术。经历了20年繁荣、10年衰退、11年萧条和9年复苏。

第二轮：钢铁、铁路技术。经历了21年繁荣、7年衰退、10年萧条和9年复苏。

第三轮：电气技术。经历了21年繁荣、9年衰退、8年萧条和11年复苏。

第四轮：汽车与计算机技术。经历了18年繁荣、7年衰退、8年萧条和11年复苏。

发现规律了吗？前四轮基本都以20年、10年、10年、10年的节奏在不断地轮回。

那么现在第五轮：信息技术。繁荣（1991—2009年）、衰退（2009—2019年）已经结束，周金涛认为2019年是低点，到2029年萧条结束，2030年将迎来复苏。复苏之后又将是第六轮技术的繁荣。

所以，按照康波周期理论，在2030年大概率会出现机会窗口，如果能把握住这次机会，那么你的财富负熵计划就很可能有重要产出。马克·吐温说，历史从不重复，但总会押韵。期望你能认识周期，看清未来，从而在胜率高的时间窗口做功，做出胜率、赔率更高的选择。

资产配置：慢慢变富的科学策略

这一节，我们一起来聊聊资产配置。到目前为止，你已经理解了投资基金是践行财富负熵、掌握年化收益率10%这门手艺可供选择的重要路径。而且从历史数据来看，国内也有超过40多支基金从成立以来为广大投资者带来了大于10倍的收益，其中增长了20倍的也达到了5支以上，这条路径似乎未来可期。

但是，大多数普通基金投资者还是没赚到钱，这是为什么呢？雪球网创始人方三文曾说，A股基金投资者不赚钱，问题多半出在择时。结合我们之前讲过的行为原理模型B=MAT，普通人通常在股票牛市（复苏后期，进入繁荣期）的时候被新闻、身边的同事甚至家里人频繁触发（Trigger），被告知买基金赚钱，因为他们已经获利颇丰了。于是这些没有太多经验的新基民一头扎进去，却不知道自己择时择在了高位。

而当周期从繁荣走向滞胀，直至衰退，股票型基金大跌时，投资者由于受不了回撤带来的情绪劫持，因而“被割肉割在了地板上”。正如我们之前所述，追涨杀跌不是什么新鲜事，这和人性中厌恶损失的心理有关。那么，到底要怎样才能避免陷入追涨杀跌的困境呢？知名投资者唐书房的一个比喻十分有趣：要学会扩胸和减震。

扩胸和减震

什么是扩胸？我们都听过宰相肚里能撑船，扩胸的本质就是增强你的心理素质，防止你被情绪劫持，让你更经得起价格的波动，最终练就“宠辱不惊，闲看庭前花开花落；去留无意，望天上云卷云舒”的境界。

获得如此高的情绪负熵能力需要持续修炼，它是日拱一卒、刻意练习的长期过程。而对于才开始启程的普通人来说，更有实际操作意义、更能让人实现知行合一的是减震。

什么是减震呢？减震顾名思义，就是缩小波动的幅度。在投资中，人们最难忍受的其实是由于回撤而引起的情绪劫持。因为当你将一笔钱投入市场时，刚开始跌5%，你可能觉得还可以忍一忍。但如果继续下跌，达到了10%、20%甚至30%的时候，你会感觉自己的血汗钱打了水漂，甚至晚上睡觉都要睡不好了。所以为了避免更多因损失而带来的情绪焦虑，很多人会选择平仓，把损失及时止住。

30%的回撤已经令人十分难受了，但这就是回撤的最大幅度吗？不是的。有的基金曾经在2015年的时候经历过回撤43%的窘境。其实如果回头来看，就算你在2015年最高点的时候一头冲了进去，持有到今天依旧几乎翻番，年化收益率也有12%左右，这不就达到甚至超过了我们财务独立的小目标10%了吗！与此同时，如果反过来看，假如一支基金每天上涨的幅度只有0.035%，但一年200个交易日持续上涨，就算单利，年化收益率虽只有7%，不过估计仍旧会有很多人愿意持续持有。

你看，人性是趋利避害、厌恶震荡的。因此，如果有一个方法能帮助你减震，这个方法就是财富负熵中最重要的事，因为它能帮你克服追涨杀跌，帮你获得本该获得的投资收益。

假如你有10万元，计划投入基金市场。我们假设你的回撤承受能力是25%，那么市场的震荡只要达到了25%这个承受阈值，持有基金就会让你夜不能寐，你唯有平仓才能消除焦虑。怎么办？答案是在投资一开始的时候，就采用股债均配的策略来减小波动幅度。具体要怎么做呢？

很简单，将10万分为两份，股票基金买5万，债券基金买5万。由于债券基金的收益相对固定，年化收益率为4%~6%，而且股债双杀的情况很少发生，所以只有整体震荡超过50%，才会让你的总投资回撤25%以上。如此一来，就能在最大程度上避免因恐惧、焦虑造成的非理性平仓的行为。这种股票基金和债券基金混合持有的方式，就是我们所说的财富负熵中最重要的事——资产配置。

不过，资产配置固然能降低回撤的幅度，那如果在牛市里，不是也把盈利幅度降低了吗？风险控制降低的办法的确会降低收益，但如果学会了资产配置中的再平衡，你就能在一个较长的时间区间里，去获得一个兼顾收益与减震的策略。

这是怎么回事儿呢？

资产配置的再平衡

下面我们通过两个场景了解资产配置的再平衡。

场景一：10万元投入股票基金，今年上涨100%，明年下跌50%，两年时间回到原点。

假定投资环境不变，怎样优化上节中的配置策略呢？我们一起来看优化后的策略：从10万元中拿5万元买入股票基金、5万元投入债券基金，并且加入了年度再平衡（每年根据原始制定的比例重新分配股票基金和债券基金的金额）的策略。债券基金的收益相对稳定，按上涨4%计算。

第一年：5万元股票基金上涨100%，变成了10万元；5万元债券基金上涨4%，变成了5.2万元，共计15.2万元。再平衡操作之后，把股票基金和债券基金的资金加起来重新按5∶5分配，这样两个钱袋里的资金又都变成了7.6万元，即（10+5.2）/2=7.6。

第二年：7.6万元股票基金下跌50%，变成了3.8万元；而7.6万元债券基金继续上涨4%，变成了7.904万元，合计11.704万元。

两年过去了，尽管市场一涨一跌回到了原点，仅仅是涨了个寂寞，但你却比单一投资股票基金的朋友多赚了约1.17倍，年化收益率为8.2%，即（1+8.2%）^{2} ≈ 1.17。

场景二：我们假设股票基金市场第一年下跌了50%，第二年又上涨了100%；债券基金市场依然持续上涨4%。

第一年：5万元股票基金跌成了“落水狗”，变成了2.5万元；5万元债券基金则净享4%的年化收益率，变成了5.2万元。再平衡之下，股票基金、债券基金的资金各调整为3.85万元，即（2.5+5.2）/2=3.85。

第二年：3.85万元股票基金翻倍，变成了7.7万元；3.85万元债券基金继续上涨4%，变成了4.004万元，合计11.704万元，与先涨后跌的场景持平。

虽然先跌后涨的感觉会让投资者有些难受，但通过资产配置叠加年度再平衡的策略，依旧可以获得同样的年化收益率。

防御/进攻姿势切换

上一节我们认识了周期，知道了在衰退期债券基金为王，而在复苏期股票基金表现更好。所以，在5：5配置的基础上，我们可以根据不同周期做一些调整。比如在衰退期，我们可以采用股4债6的防御姿势，而在复苏期采用债4股6的进攻姿势。通过切换不同的战斗姿势，实现年化收益率的进一步增长。

重新回到上节的场景二中，我们假设整体市场先衰退，再复苏。

第一年：按衰退期采用股4债6的防御姿势，在10万元投资中，我们以防御姿势先配置4万元股票基金、6万元债券基金。4万元股票基金下跌50%后变成了2万，而6万元债券基金缓慢增长4%，变成了6.24万元，合计8.24万元。

第二年：周期进入复苏，切换成债4股6的进攻姿势。8.24万元的60%是4.944万元，配置为股票基金；剩余的40%为3.296万元，配置为债券基金。4.944万元股票基金增长100%后变成了9.888万元；3.296万元债券基金继续上涨4%，变为约3.428万元，两者之和为13.316万元，增长了约1.33倍，年化收益率达到了15.3%，即$(1+15.3\%)^2 \approx 1.33$。

你看，仅仅在年度再平衡的策略中再叠加一个防御/进攻姿势切换，我们的年化收益率就出现了巨大的增长。

当然，模型毕竟是理论，我们对于周期的感知和姿势切换的时机把握无法做到非常精准。但正如巴菲特在1986年致股东的信中说过的那句话：宁要模糊的正确，也不要正确的模糊。结合对周期的理解和资产配置策略的运用，普通人也能获得一个不太坏的结果。

在这一节的最后，我想说，2700多年前，当人们还不认识月食的时候，以为天狗吃掉了月亮，天灾马上就要降临。2700多年后，幼儿园的小朋友都知道，月食只不过是地球挡住了太阳射向月球的光而形成的。是认知改变了人们的心智，让人类进步。

10年前，当普通投资者不知道资产配置、资产配置的再平衡、防御/进攻姿势切换为何物时，恐惧焦虑；10年后，你不仅获得了这些认识，并且在投资中知行合一。你的认知得以扩大，扩大到足以匹配使你财务独立的财富。

梦之组合：成为基金经理们的经理

现在，你已经知道了资产配置对你的财务独立之路至关重要。所以这一节，我们将更进一步，我会详细地和你分解资产配置中你必须了解的关键维度，让你也能根据这些维度进行具体的基金组合，成为基金经理们的经理，用相对低廉的成本去雇用基金经理来为你工作，打造你的资产配置“梦之队”！

如何选择资产配置“梦之队”

我们都知道，在篮球场上有前锋、中锋和后卫之分，他们一起组成一支队伍，在面对对方进攻时，做好防守；在陷入胶着状态时，进行缠斗；在看到机会后，全面进攻。

在投资路上，你也完全可以通过雇用风格、特长完全不同的5位基金经理组成你的“梦之队”。这样的组合让你在不同的市场周期内切换姿势，获取收益。而且和篮球明星动辄百万、千万的年薪有别，你只需每年出价投资总额中0.6%～2%的基金管理费，就能立刻成为“梦之队”的经理，然后站在赛场之外，静看这些选手为你披荆斩棘，助你去获得战胜市场的超额收益。

在任何行业，人才都是一切生产力的根本。优秀的人才所能产生的生产力不只是平庸者的120%、130%，从长期来看，如果再加上复利效应，其中相差的水准可能高达700%、800%甚至1000%以上。所以，当你挑选“梦之队”成员的时候，请务必像一位面试官一样，仔细地考察候选人。

你可以通过查看这位队员的过往历史，尤其是超过5年的长期投资历史，严格筛选你的队员。因为从短期来看，他很可能只是运气过人。曾经有一位投资大师提出过这样一个思想实验。

想象你管理着1024只猴子，你可以让每只猴子去随意挑选若干支股票，使之组成投资组合，然后观察哪些猴子可以在接下来的一年中成为前50%的赢家。1年后，512只猴子胜出了；两年后，又有256只获胜；三年后，留下了128只；以此类推……

10年过去了，大浪淘沙之下，最后一只猴子成为唯一的赢家。在不明真相的群众看来，它简直就是投资界的王者，但从概率论上来讲，这份荣耀不过是幸运降临。1024只猴子就能出现一个幸运儿，目前全国的基金经理早已超过了5000人，更何况失败的基金经理可能早已黯然转行。因此，你需要尽可能去挑选具备5年以上基金主理经验、成绩长期处于良好线以上的队员，这些人才更可能是真正的高手。

评价基金经理的四大维度

第一个维度：经验值。是的，如我们前面所述，一个基金经理的经验值至关重要。就和网络游戏中的人物经验类似，他在整个行业中的时间越久，在优胜劣汰之下，他的经验值自然就越高。他越受到牛市、熊市交替的洗礼，也就越不会在极端场景中慌不择路，被情绪劫持。所以，大于5年从事投资的经验值是我们评价基金经理的第一个关键维度。

第二个维度：收益能力。收益能力是统计这支主动型基金的盈利性指标，是衡量基金经理通过自己的独特眼光战胜市场的能力依据。

巴菲特曾经在2005年向整个美国市场喊话并设置了一个赌局，他下注50万美元。任何一位华尔街的投资专家自行选择4支以上的对冲基金，10年后看是投资专家选择的基金的整体收益率更高，还是标普500指数表现更好。结果，这场赌局最终只有一个叫泰德·塞德斯的基金经理敢于迎战。离10年赌局还差半年到期的时候，标普500指数已经实现了翻番，年化收益率达到了7.1%。反观泰德·塞德斯一顿操作猛如虎，手下的多支基金最高年化收益率只有5%，最低的那支甚至还不到0.5%，连活期利息都赶不上。

无论是国内还是国外，基金经理从数量上来说，可以用不计其数形容。但10年下来，真正可以战胜市场的只能用寥寥无几形容。可见，收益能力能赶上指数的基金经理才是真正的出类拔萃。

那么，如何判断一个基金经理收益能力的好坏呢？不是直接去看收益率的绝对值，而是将它和沪深300指数去做比较。假设在某个时间点沪深300指数过去5年的年化收益率约为10.2%，如果某支基金在同样的时间区间里，其年化收益率远远大于10.2%，比如达到了17%，那么就可以认为操控这支基金的基金经理的收益能力很强。

第三个维度：最大回撤。一支基金有杰出的收益率就可以投资了吗？正如我们之前反复强调的，广大投资者不赚钱而亏钱的原因，归结起来主要就是追涨杀跌。但追涨杀跌是果，什么才是追涨杀跌的因呢？

答案是波动。当一支基金上涨5%时，投资者会窃喜，说不定回家吃晚饭还会忍不住加个荤菜。但当基金跌回成本，持续跌幅超过5%时，整个人都不太好了；跌10%，开始缩衣节食；跌

15%，都没有勇气看自己购买的基金了；跌幅倘若超过20%，如果资金量过于庞大，投资者甚至夜不能寐。此时投资者虽然心痛，但也只能把基金赎回，得以睡个安稳觉。所以，波动是普通投资者追涨杀跌的因。

最大回撤率是在选定周期内任意时间点往后去推，基金产品净值跌到最低点的收益率回撤幅度的最大值。只有它足够小，才能更有利于投资者避免追涨杀跌。所以，它是衡量一个基金经理抗风险能力的重要指标。

第四个维度：投资性价比。投资性价比也有一个专业术语，叫作夏普比率。它衡量的是你持有这支基金时，每承担一份风险所获得的收益份额。所以，投资性价比越高越好。由于这项指标很好理解，这里就不再花费笔墨详细展开。

如何打造资产配置“梦之队”

1000个读者的心中有1000个哈姆雷特。你也可以自己去观察基金经理们的过往表现，从而选出你心目中前锋、中锋和后卫的最佳人选。

前锋，在牛市中能为你攻城掠地，但在熊市里也会因为风格太过激进而形成大幅回撤。比如一些老牌明星基金经理，他们无论在经验值还是收益率上都堪称卓越。他们无疑会在一轮大牛市中给你带来超过30%甚至50%的收益。

但任何一枚硬币都有两面性，收益越接近极值，风险性则越高，它们的最大回撤往往就很难做得很好。所以，作为前锋，他需要配合同样优秀的中锋、后卫，才能通过长板理论发挥出整支“篮球队”的战斗力。

中锋，需要有强大的控场能力，他在收益率、最大回撤这两项能力上都不算最强，可能年化收益率大概也就在10%~15%之间，但他是整支球队的中流砥柱，尤其在关键时刻，中锋能稳定军心，掌控全场。

那么，谁适合成为你的中锋呢？除了经验值，他还需要在收益率和最大回撤上有一定的平衡。从数据上来看，中锋类的基金经理通常符合532法则，即：

近5年的收益率位于前五分之一（前20%）；

近3年的收益率位于前三分之一（前33%）；

近2年的收益率位于前二分之一（前50%）。

换言之，不要求他近期表现特别好，但不至于低于平均水平，不过要求他长期位于“二八法则”中的前20%之列。

后卫，是一个球队的防御力量，是磐石也是后盾。因此，在后卫的人选当中，我们追求的并不是收益率有多少，而是这位队员是否足够稳定。后卫通常是债券型基金，它们的年化收益率可能只有7%甚至更低，但后卫由于最大回撤特别小，所以总是能够给投资者带来稳稳的幸福。

只要有好的队员就能赢得比赛吗？当然不能，赢得比赛还需要策略；而在投资世界中，策略要根据我们之前讲的市场风格决定。

在股市牛市（复苏周期）中，较优的进攻策略是2后卫+1中锋+2前锋。

在股市熊市（衰退周期）中，稳妥的防御策略是3后卫+2中锋。

在平衡市（萧条期或滞胀期）中，采用3后卫+1中锋+1前锋或者2后卫+3中锋的策略。

交易系统：顺应人性才能知行合一

资产配置是财富负熵最重要的事，但总是会有人站出来说，资产配置的路径太过于保守和寂寞。我的身边从来都不缺直接交易股票就赚得盆满钵满的朋友，我想说，如果你也实在忍不住想要交易股票，既然堵不如疏，那么你也可以考虑顺应人性，拿出投资总金额的5% ~ 10%用来作为直接交易股票的资金池。

这个小资金池的意义有两个方面：一方面，可以作为自己“解手痒”、满足自身情绪价值的工具；另一方面，它也是一种测试，你可以观察自己在3~5年的时间里，到底是资产配置的收益更高，还是直接交易股票的获益更大。不过，在你进行这项测试之前，我还是想先分享一些被历史验证的、胜率更高的股票交易策略给你，供你参考。在直接交易股票的人当中，存在两种流派，一种是价值投资者，另一种是趋势交易者。

价值投资者的交易系统

价值投资者占少数，他们赚取企业成长或者价值被低估的钱。从企业成长维度来看，最核心的指标是ROE（Return on Equity），中文的译称是净资产收益率，这是公司税后利润除以净资产的百分比率。在巴菲特的合伙人查理·芒格看来，一个企业的ROE相当于其股价长期的增长率。

低质企业的ROE：不超过10%。

良好企业的ROE：10%～15%。

优秀企业的ROE：15%～20%。

你可能会问，为什么有些企业的ROE可以大于50%呢，难道是卓越企业吗？并非如此，这类企业往往前一年的基数较低，因此才会出现大幅增长。一般来说，大于50%的ROE很难长期保持。除了ROE，还有PE（市盈率，股价与每股收益的比率）和PB（市净率，股价与每股净资产的比率）两个指标。但请别拿不同行业的数值来做比较，最好的办法是观察它们目前处于历史百分位的多少。价值投资者总在历史百分位的低点分批买入股票，然后静待时间的玫瑰慢慢盛开。

不过很多人无法真正去践行价值投资，因为大多数人普遍缺少定力，心浮气躁。他们恨不得每5分钟看一眼手机，频繁买进卖出。所以，追涨杀跌的投资者更偏好趋势交易。

趋势交易者的交易系统

趋势分为三种形态，也有不同的交易系统。

第一种趋势：上涨趋势。上涨趋势意味着股价一路创新高。在螺旋式创新高的路上，被验证有效的交易系统之一是大名鼎鼎的海龟交易系统。海龟交易系统的发明人是美国期货界的传奇人物理查德·丹尼斯。这个系统有非常清晰的指导原则。

第一，交易品种的规则。在丹尼斯看来，投资者需要把他手上的资金分成12份，然后投入关联性相对较低的行业中，并且每一笔投入都不能超过4份。比如你买了4份白酒企业A，就不能再买白酒企业B。高关联度方向的投入也不能超过6份。比如你买了3份新能源企业，那么锂电池类企业就不能再买超过3份。因为市场是轮动的，这样才能让你手上的趋势投资出现东边不亮西边亮的效应。

第二，入场策略的规则。如果你偏好做短线，由于趋势交易者追逐的是上涨趋势，所以当连续20个交易日创出新高时，就是你的买入点。如果你偏好做长线，那么当连续55个交易日创出新高时，则是你的买入点。而且，既然是交易系统，那么投资者必须严格遵守规则，不能因为连续15个交易日创出新高就买，也不能因触发了买入条件却担心价位太高而不买。

第三，止损策略的规则。买入时，你还要同步设置好止损位。如果是短线趋势交易，这个位置通常根据过去20个交易日的平均波动幅度确定。波动幅度为n，止损差额则为$2n$。比如一支股票在20个交易日的向上突破价位是20元，平均波动率为5%，则n=20元×5%=1元，$2n$=2元，那么止损价即为初始买入价－止损差额=20元－2元=18元。由于假设处于上涨趋势中，所以股价虽会回调，但从概率上来说持续向上的可能性更大。所以买入后假如没有触发止损位，则应持续持有。

第四，出场策略的规则。都说会买的是徒弟，会卖的是师傅。但如果运用交易系统，就算是师傅，卖出的价格也必须是机械的。在海龟交易系统中：

短期：如出现10天最低点，卖出；

长期：如出现20天最低点，也卖出。

依旧以做短线为例，假如20元买入的股票最高涨到了35元后，在最近10天持续盘整，不仅没有创新高，而且还在第10天跌到了10天内的低点30.9元。那么此时，出场的时间就到了。

总体来说，在上涨趋势中，海龟交易系统的四类原则需要你买入和持有强势品种，然后通过不断上涨获取高额收益。但上涨趋势并非时时都有，如果趋势不在，那么追涨成功的概率也会降到最低，尤其在震荡趋势中，假突破很可能频现。此时，就必须用第二种交易系统匹配震荡趋势来应对。

第二种趋势：震荡趋势。在震荡趋势下，股价总是在一段区间里上上下下徘徊。它上不扶摇直上，下不一泄千里，就这么"乘电梯"，让投资者体验上上下下的感受，投资者持有许久也只是赚了个寂寞。但如果你能熟练使用适合震荡趋势的网格交易系统，那么你也能在别人只赚寂寞时赚到钱。

网格交易，顾名思义，就是把价格带用网格区间标示出来，然后每下跌一个网格就买入一些，每次上涨的时候再分批卖出。网格交易通常分三步走。

第一步，设置网格。比如你观察之前的走势，股价在15%～20%之间游走，那么你把网格设置成5%就相对合适。

第二步，设置金额。你可以根据自己的资金情况设置每份投入多少资金。比如你的总投入为5万元，那么分成5份就是每份1万元整。

第三步，开始交易。以你第一笔买入为锚点，每下跌5%，买入1份金额；每上涨5%，则卖出上一笔买入时的对应份额。

举个例子以方便你理解。比如你初始买入价格为5元，买了1万元，即2000份。当跌到4.75元，你又买了1万元，约2105

份。然后价格又跌到了4.5元，那此时就可以再买1万元，约2222份。接着，股价开始反弹，弹到了4.75元，此时你要卖出的份数是上一次买入的份额，即2222份，卖出的总金额为10554.5元，盈利554.5元，盈利比例约为5.5%。然后股价又回归5元，于是你再卖出2105份，总金额为10525元，盈利525元，盈利比例5.25%。没想到后来股价又上升到5.25元，于是你把第一笔2000份卖了，这次赚了500元，即盈利5%。万万没想到，股价再次上涨，涨到了5.5元，此时你已经卖无可卖，怎么办？

为了解决类似的问题，你可以在初期建仓的时候多买入2份，以备应对类似的情况。

当然，以上举例是遇到买入后股价下跌的情况。如遇上涨，又怎么办呢？也很简单，每上涨一次抛售一份即可。不过，就算是震荡趋势，网格交易系统也更适合指数基金的投资标的。这是因为股票类的投资不像指数基金，40多元的中石油股票可以一路跌到10元以下难以回归，而指数基金万一买错了，未来价值回归的可能性也要远高于股票。而且，就算在很长一段时间里真的演变成一路下跌的趋势，你还可以去匹配第三种趋势。

第三种趋势：下跌趋势。你可能会说，面对下跌趋势还不简单，把手上的投资都抛售干净，卸载交易软件，等什么时候上涨或震荡趋势回来再介入呗！是的，你说得没错。但谁能预估下周、下个月、下个季度，甚至下一年的下跌趋势就突然变盘了呢？

阿甘说：“人生就像一盒巧克力，你永远不会知道下一颗是什么味道。”所以，面对跌破震荡区间的下跌趋势，一种可以用来应对的简单交易系统是定投。定投有一个重要假设，是在一定的时间后，股价会重新涨回原来的位置。我们假设你在进行短期的网格交易操作，但当它突破了前期低点后，你发现苗头不对，于是转而开始定投。

如此这般，在你的定投过程中，你每月投入的股价均值最后会远远低于初始值，而当股价回归与初始值基本相当的位置时，你的收益也就有了保证。另外，还有两点值得注意。

第一，很多投资者往往在下跌路上由于看不到底而放弃定投，有些甚至因情绪崩溃而在接近底部的位置全部卖掉，实在令人扼腕叹息。聪明的你可千万不要做这种傻事。

第二，当定投盈利时请务必做到止盈。比如在年化收益率达到15%时完成止盈操作，然后根据当下趋势情况，重新以适合的交易系统应对。

最后我想说，道理很容易懂，但真正践行起来则真的不简单。正如网上有人调侃，不要拿自己的业务爱好去挑战别人的专业。事实上，这也是普通投资者与专业基金经理的本质区别。

第四章

04

身体负熵：五大延缓身体熵增的途径

身体负熵是另一个重要支柱。尤其是在我们年龄渐长之后，我们会越来越发现它是一串数字0最前面的那个1。所以，虽然身体衰老，走向熵增不可避免，但本章的目标是以“吃、动、早、睡、冥”这五种不同的身体负熵策略，去延缓衰老的到来。

吃喝策略：
怎么吃才能为身体减负

想象一下，当你提升了认知，掌控了情绪，实现了财富独立，接下来，你是不是特别希望在这个世界上，在更长的时间里获得更高的生活质量？是的，身体负熵的目标正是以当下为因，收获更长维持时间、更高生活质量的果。

你是你吃出来的

多年前，当你呱呱坠地时，你可能只有一个小热水瓶那么大。然后，母亲用乳汁哺育着你嘟嘟的小嘴，你闭着眼睛，贪婪地吮吸。

两三年后，你长大了些，坐在宝宝椅上，手舞足蹈地把你没见过的食物往嘴里塞。哇！红烧肉好美味；咦！柠檬好酸……

十几年后，你已经比妈妈还高了，你爱上了喝汽水，夏天的冰激凌是你的最爱。

二十几年后，你参加了工作。下午集体点奶茶是你们部门的文化，这真令人感到幸福。团建时，你和同事一起去吃自助日料，桌上的螯虾、海胆刺身令人垂涎。

三十几年后，你的体态开始变得臃肿，躺在床上时，爱人提醒你有双下巴了；体检报告显示你有脂肪肝，你意识到自己的体重超标了。

是的，你是你吃出来的，充足的食物让你很快地长大，而过多的食物也在今天成为你的负担，让你变得“圆润”，积攒了过多的熵能量。

怎样是过多？美国罗格斯大学食品生物技术博士马胜学曾在他的著作《失衡：为什么我们无法摆脱肥胖与慢性病》中提到：“能量是一切生命体征维系的根本，而代谢是能量之源。当代谢处于动态平衡，人体才会健康。”

动态平衡＝每日摄入－基础代谢－运动代谢

其中，基础代谢会随着年龄的增长而下降。普通人在25岁之前，由于生长发育的需要，基础代谢水平较高；而一旦过了25岁，代谢水平就会逐年下降；尤其到了40岁后，每10年基础代谢就会下降5%。

所以，这也是很多人25岁之前就算天天晚上吃烧烤、麻辣烫，喝汽水不断，依旧身材苗条、颜值在线；而到了中年，哪怕已经注意饮食节奏，依然身材走形、各种肥胖病找上门来的原因。

定目标、追过程、得结果

虽然基础代谢无法改变，但我们能掌控每日的摄入，通过定目标、追过程获得结果。具体要怎么做呢？

2019年6月3日，我的体重达到了人生巅峰，身高一米七出头的我，体重竟然达到了73kg。

在阅读和学习了相关书籍和课程后，我认识到减脂本质上同样是一个从A点抵达B点的过程，而且减脂的路径更简单，只要根据目标与现状做好计算题，那么接下来就仅仅是每日的践行而已。

第一步，定目标。

我用手机下载了一款健康类的App，根据系统提示输入目标：跟高中时代相同的体重——63.8kg。同时，继续输入期望达成目标的日期：12月25日。之所以选择这一天，是因为12月25日是圣诞节，我希望用一种有仪式感的方式，通过自己的学习、思考和持续做功，送给自己一份圣诞礼物。

不过仅仅有一个目标显然是不够的，你也一定看到过身边有许多人曾经无数次定下过减脂目标，最后却都不了了之。所以，定完目标后必须要规划路径去追踪过程。

第二步，追过程。

过程要怎么追踪呢？其实，减脂的本质是减去人体热量差。这和我们小学时做的数学应用题非常类似：有一个3000L的蓄水池，进水速度为200L/h。同时，底部有一个排水口，排水速度为180L/h。问：多久可以把蓄水池里的水蓄满？

我们的身体就是这样一个蓄水池，一般35周岁左右的男性每天的基础代谢大约在1800～2000kcal（千卡/大卡，1kcal=4.1868kJ）。假设我的基础代谢为1900kcal，那么如果我需要在6月3日到12月25日期间，让体重从73kg降低到63.8kg，每天就必须制造200～250kcal的热量缺口。热量缺口的计算公式：

热量缺口＝基础代谢－摄入总量

如：热量缺口＝基础代谢－摄入总量=1900–1650=250kcal。

所以，追踪过程就变得非常简单：把每日摄入的热量控制在1650～1700kcal之间。只要每日践行，就能有效地获得结果。

不过，如果你真的认为减脂如此简单，恐怕你就错了。因为很多人在此过程中是很难坚持下去的，这是由于他们通常缺少了一个步骤，这个步骤的缺失会让他们无法持续获得做功的动力。

这个步骤是什么呢？是通过策略构建大脑奖励。

策略：构建大脑奖励

怎样构建大脑奖励呢？我的策略是定时、定状态称重。

6月之后是盛夏，每天起床后我要做的第一件事情就是如厕，然后在仅仅身穿贴身衣物的情况下上秤称重。在行动最初的几天，我发现前一天还是73kg，但第二天一大早就变成了72.7kg，第三天变为72.5kg……

这种即时反馈能给我带来的大脑奖励跟吃了5只鸡腿、10支冰激凌带来的大脑奖励程度相当。这是什么道理呢？

我曾经在《行为上瘾：拿得起，放得下的心理学秘密》这本书里介绍过一个叫作斯金纳行为强化实验。1938年，行为心理学家斯金纳发明了一款名叫"斯金纳箱"的装置。在这个装置中，斯金纳把一只饥肠辘辘的小白鼠置入其中，它只要去按压一个按钮，装置便能掉落一小块食物。这样的即时反馈让小白鼠学会了按压按钮，并让它认识到按压按钮与食物奖励存在内部联系。当然，在调整了装置的设置后，即使按压按钮也不再掉落食物，小白鼠的按压按钮行为也逐渐消失了。

这就是著名的斯金纳行为强化实验，而即时奖励机制也被证明可以有效地激励和改变生物的行为。不仅如此，美国作家查尔斯·杜希格也在著作《习惯的力量》中提出过类似的佐证。杜希格提出了关键的习惯模型：触发刺激带来行动，行动带来大脑奖励，如此重复，一条习惯回路通过两个简单步骤的反复强化就能打通。

回到我养成减脂习惯的路径："每天起床"则是触发刺激，"如厕后称重"则是行动，"称重结果显示数据降低"则是大脑奖励。

选择早上称重也是有原因的，因为经过一整晚的睡眠，人体中的一部分水分会蒸发，这样，早上称重的得到的数值就会比晚上称重得到的数值要小一些。更小的数值会给你的大脑带来更多的愉悦感，进而让你产生更大的动力去控制摄入，制造热量缺口，然后在下一次称重时获得更小的、能给你的大脑带来更多愉悦感的数值。

最终，一条通过即时反馈来获得大脑奖励，帮助我启动减脂习惯的回路就被强化了。

从策略到行动

不过，光有理论指导还不够，每天摄入1650～1700kcal的目标虽然是一个指导性路径，但具体落实到吃什么、怎么吃，其中包含着三个关键点。

关键点一：计算热量。

如果每日摄入热量为1650kcal，那么可以大致将其分解为：早餐450kcal、午餐550kcal、晚餐500kcal、加餐150kcal。

在开始践行以上标准时，我们需要对食物的热量有一个大致的认识，比如一个素馅包子大约150kcal，一杯咖啡大约68kcal，一个鸡蛋大约76kcal……

践行减脂，你一定要对食品包装袋上的营养成分表有很强的敏感度，养成观察该食品每100g含多少热量的习惯，比如有些面包每100g含1400kJ热量，这就相当于每吃100g该类面包，就摄入了约334kcal的热量。

关键点二：少食多餐。

由于工作繁忙，午餐我都会点外卖到公司。外卖的饭菜的量通常都比较大，所以我会提前规划好，把一顿外卖分成午餐和晚餐来食用。这样一来，既能避免浪费，还能把午餐和晚餐的总摄入热量控制在1050kcal以内。

你可能会问，为什么你还安排了150kcal的加餐呢？因为你在践行减脂的过程中，由于摄入热量降低，你最大的敌人不是意志力，而是在吃下一顿饭之前产生的饥饿感。

此时，你可以为自己准备一些水果、黄瓜（每根热量大约16kcal）、番茄（每个热量大约25kcal）、低脂面包（每片热量大约30kcal）来消除你的饥饿感。同时，你还要特别小心饼干这种食物，别看一些苏打饼干打着健康的旗号，其实热量一点也不低，小小一片就相当于两个番茄的热量。另外，我会常备一些零度可乐，当我实在想喝饮料时就会喝它，既能解馋，又能避免摄入过多热量。

关键点三：理解滞后效应。

如果你入住了一家宾馆，打算放热水洗澡，但放了1分钟，水管出来的仍旧是冷水，你会不会怀疑宾馆的热水装置坏了，继而去关掉水龙头？但如果宾馆服务人员告诉你，由于宾馆的热水输送管路很长，需要90秒才会出来热水，你是否就会有耐心等待这90秒？

行动与反馈中间存在一定的滞后，也就是所谓的滞后效应。

在践行减脂的过程中，你一定会遇到连续几天体重都不变的瓶颈期。如果对此没有预期，就很容易陷入焦虑之中，怀疑热量缺口这套理论体系的有效性。怀疑一旦产生，就会动摇你的行动，以至于行动被改变、目标被搁置。

你需要了解，由于人体的消化道总长度为6～8m，因此，吃下去的食物在离开人体前会有一段漫长的旅程，这就如同酒店的热水需要等待很久才会从水管流出一样。滞后效应通常都会在减脂后的几天内出现。

有了这种认知，当你遇到瓶颈时，你才不会焦虑，并且还能用这种关于滞后效应的认知去启动心理能量，继续保持每天制造人体热量缺口的行动，然后安静地等待。几天后，你会发现自己的体重数值一下子降低很多。

截止到2019年11月12日，历时162天，我提早完成了原本定在圣诞节完成的目标，总计减脂9.2kg，相当于18个手掌大小的脂肪块被成功耗散掉，我也成功恢复了高中时代的体重。年底体检时，脂肪肝也消失了。

整个过程对我来说也是一次对于身体负熵的感悟过程。现代社会，人心浮躁，人们都希望7天掌握某种本领，14天学会某个技能，21天养成某个习惯，最好1个月能瘦5kg、10kg，3个月就可以升职加薪、投资暴富。

人们总是没有耐心等待长期坚持的效果，过多地期待短期速成。希望你在看到我162天的减脂过程后，能理解定目标的驱动作用、追踪过程时策略的力量、行动中如何在关键节点实现跨越。最后祝愿你也能以此为模板，日拱一卒，偶尔猛进。

对了，为什么我比预定时间提早43天就完成了目标呢？因为我同时采取了另一个行动，我会在下一节介绍。

运动策略：有效减脂的关键策略

在动态平衡的公式中，如果你已经掌控了控制每日摄入总量的方法，还富有余力，那么接下来，你还可以通过运动策略进一步扩大每天的热量缺口。

如果把人体比喻成一块手机电池，则基础代谢是人体处于静止状态时的热量消耗，相当于手机处于待机状态时的电量消耗，这类消耗十分有限；而运动代谢是人体在运动过程中的热量消耗，相当于手机运行大型3D游戏时的电量消耗，会加速热量消耗。

你可能也听说过，人体有三种提供能量的方式：糖、脂肪和蛋白质。消耗更多脂肪是减重者的普遍愿望。每个人在不同心率状态下的消耗占比是完全不一样的，什么样的心率才能使你的身体代谢脂肪效率更高呢？有这样一个公式。

有氧运动最佳心率 =（220− 年龄 − 静息心率）×（40%～60%）+ 静息心率

为了让你理解起来更直观，我拿自己举个例子。

$$我的有氧运动最佳心率=(220-38-62)\times(40\%\sim60\%)+62 =110\sim134$$

生活中，你可以用智能手表或者智能手环来实时监测自己在运动中的心率，以达到运动代谢的最好效果。接下来我要和你讲讲我亲测有效的三类运动。

最适合的运动方式之一：慢跑

你真的会跑步吗？看完接下来的内容，你很可能会后悔，后悔没有早这样跑。

很多人之所以不把慢跑作为主要的运动策略，是担心跑步会伤膝盖。我践行了《跑步治愈》这本书里讲到的跑法后，才终于找到了科学的慢跑方法。

你需要注意以下三点。

第一，别过度跨步跑，而是要重力跑。

什么是过度跨步跑？这本书里说："大多数人未经训练时，都会不自觉地陷入过度跨步的状态。这种未经训练的跑法大量使用的是大腿前侧以及小腿的肌肉，当脚掌落地时，小腿与地面之间会形成一个锐角。而膝盖作为小腿与整个身体的连接点，同时承受着来自身体向下的重力分力以及身体向前的推力分力，这会让膝盖同时承受两个方向的力，造成磨损。”

而重力跑刚好可以解决这个问题。如何才能实现重力跑呢？简单来讲，就是身体要前倾，利用重心向前产生的动力，自然而然地让身体跑起来。你可以现在就站起来实验一下，重点观察自己的腿，是不是大致垂直着地。

第二，别蹬腿，而是要拉腿。

蹬腿用的是小腿发力。请继续想象一下，就像前面说的，膝盖是小腿和整个身体的连接点，小腿一蹬，向上发力，而身体本身又受到向下的重力，膝盖在中间同时承受向上和向下两种力，也会受到磨损。

拉腿是大腿的后侧发力，通过这块肌肉把整个小腿拉起来。你现在可以站起来感受一下，把注意力放在大腿的后侧，慢慢把腿拉起来。在重力跑的过程中，一定要注意时时刻刻做到刻意拉腿。

找到感觉后，跑步时把拉腿变成身体惯性就可以了。

第三，注意步频。

步频是每分钟脚落地的频率。在说这个概念之前，请你先做个实验，把右手做成7的手势，然后快速地在胸口连戳十下，越快越好，然后再用同样的手势，在胸口慢慢地戳十下。感受一下哪种力度强、哪种力度弱？是不是越快越弱、越慢越强？

没错，跑步的步频也是同样的道理。

美国威斯康星大学麦迪逊分校的杰克·丹尼尔斯是一位奥运冠军，也是运动员教练。他在著作《丹尼尔跑步方程式》中提出，180步/分钟的步频可以有效减少脚着地时膝盖受到的冲击。

180步/分钟即每秒跑三步，听起来容易，做起来有点难。别担心，在各类音频App上搜索“跑步180拍”就能找到很多节拍音乐，只要一边听着这些节拍音乐，一边跟着拍子跑，你立刻就能达到世界跑步大师的要求。是不是特别简单？

有了这些方法，就不用再担心跑步导致膝盖损伤，可以更高效地跑步。这样的跑法一定可以让你的体态更轻盈。

最适合的运动方式之二：跳绳

在下雨天或雾霾天，室内跳绳是一种非常适合的运动。不过跳绳这种运动，会让心率上升得很快，所以你在安排跳绳的节奏时需要有一定的技巧。我的做法是，一组跳一分钟，先连续不断地双脚跳一组，然后通过智能手环观察自己的心率。此时的心率通常可以达到135～140次/分钟，即超过了我有氧运动的最佳心率。

此时，我会选择在室内来回走走，大约1～2分钟后，当心率回落到100次/分钟的水平时，继续跳第二组，以此类推。10分钟左右通常可以完成4～5组。

这种跳绳的模式其实和HIIT（High-intensity Interval Training，高强度间歇性训练）很类似，它能让身体对氧气的需求增加，在跳绳一分钟的过程中制造出缺氧状态，从而让你的身体在来回走动的恢复期需要吸入更多氧气。

了解到这种方法后，我在办公室里、家里都会常备一根跳绳，在休息大脑的时间空隙，可以随时随地跳上几组，高效消耗掉身体的热量。

最适合的运动方式之三：椭圆机

无论慢跑还是跳绳，对于有运动习惯的人而言，可能很容易被接受。但倘若你是运动新手，运动时可能会觉得时间过得很慢，简直度秒如年。

爱因斯坦在解释相对论时说，你和一个漂亮女孩子坐在一起一小时，你感觉仿佛只过了一分钟；而独自坐在烤炉前一分钟，却感觉仿佛过了一小时。

也有人说，一分钟到底是长是短，取决于你是厕所外攥着纸巾排队的那位，还是厕所里坐在马桶上刷手机的那位。

你看，从这些对比里，我们其实可以获得让运动时间过得更快的启发了。这个启发就是：把我们平时觉得时间过得快的事情和运动相结合。比如，很多人觉得刷短视频、逛购物网站的时间过得飞快，那么，是否可以把这些行动与运动相结合，实现感知层面的飞速运动呢？

当然可以。不过很重要的一点是运动器材的选择。你能一边卷腹一边刷短视频吗？你能一边跑步一边逛购物网站吗？就算可以，必然让人头晕眼花，影响运动效果。

去年，我们公司的行政部门为了增加员工福利，特地开辟出了一个房间，购置了不少运动器材，搭建了一个员工健身房。我拿自己做试验，体验了包括划船机、跑步机、杠铃等多种运动器材后，发现椭圆机是飞速运动的绝佳伴侣。理由如下。

第一，椭圆机是一种原地运动机械，你只要用双脚不断地蹬，就能轻松完成运动所需的全部动作。

第二，椭圆机的上下振幅很小，就算你一只手扶住扶手，另一只手拿着手机，也不至于出现危险。

第三，也是最重要的，你只要通过设定，把重力水平设定到适合你的程度，你的心率就能轻轻松松达到110～130次/分钟。

如前所述，做运动的目的不就是能让心率保持在较高水准，从而达到运动代谢的效果吗？通过刷手机和椭圆机的组合，你会发现：咦？运动时间怎么会过得那么快？怎么没一会儿就大汗淋漓了？

我通常会在抵达公司后，一边在椭圆机上完成每天20～25分钟的运动任务，一边在手机上把中午的外卖、晚上的水果和牛奶都点好，然后浏览一下今日热搜，了解一下实事，接着再看一部电影的解说。一个番茄钟（25分钟）就这样高效地结束了。

不要傻傻地努力，而要有策略地成为更好的自己。要想实现身体负熵、对抗熵增定律，很多具体的行动都要消耗意志力，是反人性的。而通过这种运动策略，在你养成运动习惯之前，让你的大脑能轻松接受原本不愿接受的行动，你自然会比别人进步得更快、更轻松。

当然，我必须提醒的是，无论做何种运动，一定要先做好热身。网络上有大量的热身视频，你把其中的几个关键动作学会后，每次在运动之前做好热身，就能更安全、更有效地实现运动代谢。

早起策略：早起让你每年做成一件大事

现在，你可能开始制订自己的运动计划了，但你马上意识到，有两座大山横亘在你通往目标的路径上：时间和精力。

早起，提升生命的宽度

以前，每当我做不成一些事情时，我也总是用“没有时间和精力”来安慰自己，但一个人的自我效能感不仅能从自己成事的路径上获得，还能从别人成事的路径上获得。我从《人生效率手册》的作者张萌身上获得了自我效能感。张萌现在是6本畅销书的作者，同时还是极北咖啡的创始人。她从大学时代起就坚持每天5：00起床，利用早起时间读书、写作、写日记自省，每3～5年训练一项硬本领，每年坚持演讲超过100场。当我在网络上查询她的履历时，发现她竟然比我还小4岁，这不禁令我汗颜。

当然，你可能会安慰我，这其中一定有运气的成分。的确，运气与努力都是不可否认的方面，但运气比我好的人竟然比我还努力，这就不得不让人复盘反思了。而且，她还独创性地把我们每天的时间按照三个维度来划分，即时间的可控性与非可控性，以及该时间段的质量。如此一来，任何时间都可以归类在六个时间分类里：可控的高质量时间、不可控的高质量时间、可控的中等质量时间、不可控的中等质量时间、可控的低质量时间、不可控的低质量时间。

早起时间显然是可控的高质量时间。每天早上比普通人更早起床，会多出1～2个小时的可控的高质量时间，一年下来就是360～720小时，三年下来就是1000～2000小时。根据一万小时定律，刻意练习一万小时，一个人在某方面的技能就能达到世界级水平；即使仅刻意练习一千小时，你在这方面的技能也能超过身边90%的人。仅仅一年多就能在某个方面超过身边90%的人，这无疑拓展了一个人生命的宽度。

张萌并非特例，迪士尼前CEO鲍勃·伊戈尔、推特前CEO杰克·多西、微软前副总裁陆奇……他们无不是早起负熵做功的践行者。

为什么早起比熬夜更有效

时至今日，我在早起践行中也总结出了一个叫作“人体电池论”的类比：如果把人体比喻成手机电池，晚上睡觉前，大脑已经活跃（放电）了一天，可能就只剩最后20%的电量了。此时，大脑是很难集中注意力的，人的自控力也会下降，如果强迫自己在这个时候学习、工作，需要投入本来就很稀缺的意志力，而且身体“电量不足”的感觉会使人不自觉地降低学习和工作的效率。

更何况长期熬夜等于慢性自杀，这句话并非虚言。熬夜会让人体将血液输送给脑部，导致内脏供血不足。长期熬夜会导致内脏缺氧，对身体造成伤害。

我清晰地记得创新工厂的创始人李开复曾在罹患淋巴癌后坦言，他曾喜欢和年轻人比赛熬夜，半夜两三点回复邮件，身边的人称他是“铁人”。李开复在《向死而生：我修的死亡学分》中说：“我的很多‘神话’，包括‘铁人’称号、半夜随时回复邮件……其实都是用惨重的代价换来的，可惜我觉悟得太晚。我的癌症跟这有没有关系？我想很可能是有的。”

而早起则完全不一样。早上起床，你已经类似手机电量100%的满电状态，此时人不容易焦虑，而且环境安静无比，没有额外干扰，使人注意力很容易集中，你更可能进入心流状态[1]。

自从刻意养成了早起习惯后，我每天5：00起床后的第一件事，就是根据前一天读书、学习的内容，写出至少500字。有时，当我进入心流状态时，一个清晨的输出效率可达到1000~2000字。

在我完成了每日任务出门后坐上地铁，上海清晨的地铁上空荡无人。路上90分钟的通勤时间，虽然只是可控的中等质量时间，但我也可以舒舒服服地坐在地铁座位上阅读电子书，或用蓝牙耳机听书。到达公司后，去员工健身房踩20 ~ 25分钟椭圆机，再回到工位上做10分钟冥想，接着就开始安排今天需要完成的最重要的6件事情了。你看，如果你也拥有早起的习惯，是不是也比身边的人每天都要多出2 ~ 3小时的中、高质量可控时间，每天也都能朝你的北极星目标推进那么一点点。

如何养成早起习惯

第一，针对动机。

你可能会说，早起的好处虽然有那么多，但我每天早上总是

[1] 指人们在专注进行某行为时所表现的心理状态。——编者注。

睡不醒，爬不起来，这该如何是好？是的，每个人在养成早起习惯的过程中必然会遇到障碍。要击破这些障碍，首先要理解它的本质。

你在刚开始改变时，无法早起的本质是动机或者能力不足。

让我们回到人类行为模型的公式B=MAT。表面上看，闹钟属于触发条件，所以无法完成早起行为同时与动机和能力有关。但仔细一想，早起能力不足是由于前一天晚上没有早睡，而没有早睡往往不是因为晚上有重要的事情要做，而是因为晚上在玩手机不愿睡觉。但如果我们换一个场景，假设你第二天要参加高考，你会晚上玩手机不愿睡觉吗？可见，大多数的早起问题不是能力不足无法解决，而是要构建起强有力的动机，去盖过你通过不睡觉得到的好处。这样前一天晚上的你就会主动选择早睡了。

要如何构建起强有力的动机呢？答案是早上起床后进行娱乐活动！

天哪！这样岂不是显得不自律？不是的。因为你早起娱乐的目的不是娱乐，而是先养成早睡习惯。请你想象一下，当你想到第二天早起后可以看电影、玩游戏，还没有人打扰你，你是否就有更大的动力早睡？更何况早起娱乐还可以避免熬夜娱乐对身体的危害。

通过半年的早起娱乐，把自己的生物钟充分地调整过来。在你无须动用意志力就能轻松做到5：00起床后，再去读书、写作或刻意练习某一项关键技能就会变得水到渠成。

我养成早起习惯的过程分为两步。

第一步：初期，早上努力爬起来，戴上蓝牙耳机，看半部电影后，出门。

第二步：半年后，无痛起床，开始写作，写完规定的500字，出门。

如果你担心早上的闹钟会吵醒家人，你也可以和我一样，使用运动手环的震动闹钟功能把自己从睡梦中唤醒。

第二，针对能力。

早起娱乐对有些人来说可能缺乏吸引力，而且人好不容易起床了，但大脑仍旧昏昏沉沉的，丝毫没有那种100%电量的充沛感，这又该怎么办呢？

这种情况就真的不是动机问题，而是能力问题了。如果你遇到的是这种情况，你就需要循序渐进地调整你的生物钟。假设你的日常作息是晚上12：30入睡，早上7：00起床，那么你可以从下定决心早起的那一天开始，刻意调整入睡时间，每周往前调整5分钟，即从本周开始12：25入睡，6：55起床；第二周12：20入睡，6：50起床；第三周12：15入睡，6：45起床……以此类推，直到调整到你认为合适的早起时间。

通过16～24周的调整，你就能把自己的作息时间彻底地调整过来，从而拥有一个早上无人打扰的、高度可控的、高质量的时间，并且真正具备早起的能力，并养成早起的习惯。

第三，把早起与个人OKR结合。

不过，早起不是最终目的，如何行动才是关键。我身边有很多人觉得我的早起理论很吸引人，也开始践行早起。不过，不出一周，他们就会来问我："何老师，我早上起来后没有事情干，不知道要做什么，怎么办？"

这就和你给自己制定的北极星目标以及个人OKR有关了。比如，对于我来说，我的目标是写作和运动；对于你来说，目标可能是刻意练习你需要的某项关键技能，日拱一卒地持续推进某个项目。还是那句话：这个世界属于有坚定目标的人，如果一艘船不知道要去哪里，那么任何风对它来说都将是逆风。

所以，目标是战略，选择路径是战役，早起则是打赢一场场战役的战术。只有明确好战略，决定好去打哪场战役，你的早起才不会白做功，然后在可控的高质量、最有精力的时间里去做最重要的事情，你一定会每年做成一件大事。

睡眠策略：这样睡觉最有效

养成早起的习惯后，我们每天可控的高质量时间就一定会变多。但在你彻底实现财务独立之前，职场上的工作仍旧可能把你拖到很晚才入睡。此时，高效率的睡眠就对你的身心健康至关重要。

睡觉对你有多重要

看到这个标题，你可能会觉得很好笑：睡觉不就是一件自然而然的事情吗？饿了吃，困了睡，这是生理现象。但越是稀松平常的事情，我们就越容易忽略。

加州大学伯克利分校神经科学与心理学教授马修·沃克在《我们为什么要睡觉》一书里指出："睡眠的作用和意义甚至高于饮食和运动。"

如果你家里有小孩，你会观察到，孩子在刚出生后，几乎一整天都在睡觉，他们吃了睡、睡了吃。在睡觉的过程中，孩子的大脑在慢慢发育。在从幼儿成长到青少年的这段时期里，一个人在睡眠过程中率先发育完善的是负责视觉和空间知觉功能的区域，然后是负责理性思考和批判性决策的前额叶皮层。研究发现，大脑异常导致的疾病，如精神分裂症、抑郁症、多动症等，都和睡眠问题有很大的联系。

成年后，大脑的发育也就完成了，此时睡眠能在三件事情上帮助人类。

第一，记忆力。我们在睡觉时，大脑中存储在海马体里有用的短期记忆将被搬往负责长期记忆区的大脑皮质中。

第二，创造力。睡梦中，大脑会把记忆片段进行碰撞重组，找到某些关键信息中的共通点，最终显性为梦境。德国化学家凯库勒在梦里发现苯环结构的著名故事就是其中的典型。所以，如果某件事情遇到瓶颈，不妨睡一觉，第二天起来说不定就会突然想到对策。

第三，情绪力。你也许对一种叫去甲肾上腺素的东西略有耳闻，它是一种与压力相关的化学物质，大脑通过产生这种激素集中注意力。不过，它也会有副作用，那就是增加焦虑。研究发现，大脑只有在睡梦中才不会产生去甲肾上腺素，这就能让我们在睡醒后感到压力剧减。

所以，如果你无法保证睡眠，你的记忆力会显著下降，整个人会变得迟钝，情绪会趋于糟糕。我就有一段时间由于工作过于繁忙，以至于只能牺牲睡眠时间来工作。结果我最直观的感受是，做事情开始忘东忘西，对身边的人开始说重复的话。幸好那段时间无意间读了《我们为什么要睡觉》这本书，让我意识到这些感受主要和睡眠不足有关。然后及时做出了调整，才感觉自己原本的状态又回来了。

90分钟睡眠周期

自从有了这段经历，我开始刻意研究与睡眠有关的知识，有策略地让自己睡得更好。我希望把这些重要的内容分享给你。

英国著名实验心理学家理查德·怀斯曼在《夜脑：在睡眠中自动学习的秘密》一书里讲述了90分钟睡眠周期。

什么是90分钟睡眠周期呢？

这个发现起源于1951年芝加哥大学的阿瑟林斯基对于人在睡觉时会间歇性出现眼球快速移动的研究。出现眼球快速移动时大脑神经元十分活跃，如果人在这一期间醒来，会清晰地记得正在经历的梦境。阿瑟林斯基把该期间定义为快速眼动期。

进一步研究发现，人们的睡眠过程会以快速眼动期为关键节点，分为四个阶段。

第一阶段：瞌睡期，持续约5分钟。这是我们在床上感觉昏昏欲睡、眼皮耷拉的时期。此时，你的呼吸会自然而然地放缓，意识也在半梦半醒之间。清醒时期大脑每秒会产生12～30个波形（β波，即频率为12～30Hz的脑电波节律），而此时就只产生4～7个波形（θ波，频率为4～7Hz的脑电波节律）。此阶段约70%的人曾经有过跌落感和脚抽搐的感觉，这不是老人家说的“你在长高”，而是你的肌肉处于放松状态。进化心理学家推测，这是大脑防止人类因在树上睡觉导致跌落而产生的保护机制。

第二阶段：浅睡期，持续约20分钟。此时，人的体温下降，心率变慢，身体肌肉会进一步放松，有些人会由于喉咙里的肌肉放松后下垂而开始打呼噜。如果你在睡眠过程中佩戴智能手环，那么睡眠进度条上的浅睡眠基本都会包含前两个阶段。

第三阶段：深睡期，持续约30分钟（也有人把第三阶段分为熟睡期+深睡期）。在这个阶段，大脑活跃度降到了最低，大脑每秒只产生1～3个波形（δ波，即频率在4Hz以下的脑电波节律）。此时，你会睡得非常沉，外界的声音很难把你唤醒。不过，一旦真被唤醒了，醒来后会觉得非常疲劳，这可能和这一时期身体正在分泌激素和修复受损组织有关。

睡眠科学家把前三个阶段归类为非快速眼动期（NREM，Non-rapid Eye Movement），这是因为在此期间没有出现做梦时期的快速眼球运动现象。

第四阶段：快速眼动期（REM，Rapid Eye Movement），持续约30～35分钟。在这个阶段，心率开始上升，呼吸也变得急促，最直观的表现是眼球开始左右快速移动。如果此时醒来，你能非常清晰地记得你的梦境。而且由于快速眼动期的大脑活跃程度与清醒时几乎没有差别，所以该阶段往往能强化记忆，帮助我们从全新的角度来看问题，从而提升创造力。

以上四个阶段就是一个完整的90分钟睡眠周期。整晚的睡眠也是以多个这样的90分钟睡眠周期循环往复。有了这样的认知基础，接下来我们就具体说说怎么利用90分钟睡眠周期来提升我们的睡眠效率。

R90睡眠法

英超曼联俱乐部的运动睡眠教练尼克·利特尔黑尔斯在其著作《睡眠革命》中围绕90分钟睡眠周期的理论，独创了R90睡眠法。R90的含义是，以90分钟为一个周期单位计划和执行我们的睡眠。具体分三步。

第一步：找到基线。尼克教练结合自己超过30年从事睡眠科学的研究发现，市面上流行的“8小时睡眠最健康”的说法并不科学，因为每个人的情况不一样，不能一概而论。比如素有“铁娘子”之称的英国前首相撒切尔夫人每晚只需要4 ~ 6小时的睡眠，依然精力旺盛，活到了87岁高龄；而另一些人，如网球明星费德勒，每天睡10小时恐怕都还不够。

所以每个人都要找到自己的基线，我们可以先从计划睡4个或5个90分钟睡眠周期（即睡6小时或7.5小时）开始。比如我通过一段时间的自我观察，发现自己每天睡4个90分钟睡眠周期就能保持相对旺盛的精力，也不会觉得疲劳，所以我的基线大致就是4个90分钟睡眠周期，即6小时。

你也可以根据自己的情况规划，4个、5个或6个90分钟睡眠周期都有可能。不过，哪怕你需要6个周期，这也一点都不丢脸。因为就像本章导言中所说的，身体是1、是基石，其他东西都是基石后面的0，只有保证了身体这个基石，你才有资本去做其他事情。

第二步：规划入睡—起床时间。由于我每天早上5：00准时起床写作，所以倒推6小时，晚11：00是我的入睡时间。在这之前，我会看一会儿书，这样一来，没过多久便会感到睡意袭来，很自然地就进入了瞌睡期，接下来几分钟内就会入眠。

第三步：调整入睡—起床时间。有时，由于工作或者出差，我无法在晚11：00前入睡，怎么办？没关系，临时调整一下入睡—起床时间即可。比如我加班后回到家已经是半夜12：00了，洗漱完毕后时间已经接近12：30了。此时，我会立刻关闭智能手环上早5：00的闹钟，打开6：30的闹钟，这样也可以睡够4个90分钟睡眠周期。不过在这种情况下，我不得不取消第二天早上的写作。

小憩策略

日本神经科名医、时间管理教练桦泽紫苑在《为什么精英都是时间控》这本书里指出："中午如果能进行25分钟的小憩，下午的工作效率可以提高34%，专注力也能提高54%。"这可是真正的事半功倍。结合前面讲过的睡眠四个阶段的说法，他其实是让我们别在午间小憩时进入醒来会感觉异常疲劳的深睡期。

桦泽紫苑老师建议我们在小憩之前先喝一杯咖啡，因为咖啡通常在喝下去30分钟后才会起到效果，而在效果发挥前，如果能进入浅睡眠的小憩状态，就能有效地让疲倦的身体和昏沉的大脑得到休息。

我在公司时，通常会在中午12：30喝下一杯咖啡，然后戴上蓝牙耳机，播放白噪声，再戴上一副眼罩，彻底把自己的视觉和听觉隔绝起来，进入小憩状态。当然，有时未必会真睡着，但听着白噪声，在午间享受片刻的安宁，对下午的工作状态的确会很有帮助。

最后，你可能已经看出来了，我的睡眠策略几乎都是通过阅读或听书学会的。这其实都是我们通过外部能量在个人内在系统里践行做功、实现负熵的有效方法，循着前辈的经验过“睡眠之河”，的确会比我们自己摸索要快很多。

冥想策略：获得四类冥想收益

冥想是一种能有效降低疲劳感的方式。

2016年，我读了李笑来的专栏《通往财富自由之路》，这是我第一次接触冥想。自此之后，我在践行中逐渐认知和体会到冥想给身心带来的好处。

你为什么要冥想

如果你首次接触冥想的概念，会觉得它很有宗教感，你会隐隐感觉冥想和打坐、瑜伽有些关系，似乎离自己很远。不过，随着移动互联网的发展，冥想已经去宗教化，并且早已进入国内的企业界。

尤其是在2020年后，我身边有越来越多的人开始下载冥想类App，每天中午或者晚上进行冥想练习。

冥想练习到底能给我们带来什么好处呢？

第一，提升反应力，变聪明。健康心理学家凯利·麦格尼格尔博士在著名的《自控力》一书里指出："根据神经学家的研究，如果你经常冥想，你的大脑灰质就会增多。大脑灰质是神经元细胞体密集的部位，是人脑信息处理的中心，能对外界的各种刺激做出反应。大脑灰质就好比是电脑的CPU芯片，是大脑非常关键的部件。如果你有冥想的习惯，你的大脑灰质就会比普通人更多，相当于你在不断地升级你的'大脑芯片'，令你在工作中更有可能出类拔萃。"

第二，提升专注力，变高效。在《认知觉醒：开启自我改变的原动力》中，有一个说法很有意思：普通人短期内最多只能记住大约7件事情。我们可以想象大脑中存在7个小球，代表我们的大脑资源。在冥想时，7个小球中的某几个会出现走神的情况，比如想到一会儿要去做某件事情，想到今天的外卖还没点。这时，通过主动干预，把走神的小球拉回来，使注意力聚焦回呼吸上，这就是锻炼专注力的过程。当你能把专注变成下意识的行为时，你的专注力自然比普通人更强，你做事情也自然更高效。

第三，减轻压力，提升生活与工作质量。在比尔·盖茨的冥想入门书、正念冥想专家安迪·普迪科姆所著的《十分钟冥想》中，有一个阻止抑郁症患者症状复发的随机对照实验。研究者在追踪对照组和实验组的对比中发现，在只有半年的时间里，75%

的冥想练习者都可以停止药物治疗，且这些人与仅接受药物治疗的人相比，生活质量的提升感更高。

在减压这件事情上，冥想于我而言堪称功效卓著。每当我在工作中遇到问题、感到焦虑，无法进入专注状态或进行深度思考时，我会选择戴上蓝牙耳机，播放417Hz的音频，进行时长约5分钟的减压冥想，这能让我快速恢复专注力。因此，我经常戏称其为“充电5分钟，工作2小时”。

第四，治愈失眠，帮助入睡。根据2009年斯坦福大学的研究，发现6周的冥想课程能有效帮助人们加速入睡过程，平均可以从原本的30分钟降低至15分钟。我平时经常会去各地出差，如果工作到很晚，大脑就会异常兴奋，即使躺下也会辗转难寐，脑海里都是工作中的细节。这时，我会立刻行动起来，开始用冥想的方法助眠。

第二天上午10：00点，当其他同事顶着一副没睡醒的黑眼圈前来开会时，我已早起读书、写作、工作4～5个小时了。

正念冥想

根据美国乔治敦大学医学院精神病学临床教授诺曼·E.罗森塔尔的著作《超级心智》中的分类法，冥想可以分为两类：正念冥想和超越冥想。

超越冥想显然是更高阶的冥想方法，这里不作讨论，感兴趣的朋友可以去看罗森塔尔教授的这本书。初学者更容易掌握的冥想方法是正念冥想。正念冥想通常可以分别通过专注呼吸、聆听声音和仔细感受的方式实现。

第一种：专注呼吸。

专注呼吸是最容易的正念冥想法，只需一张椅子就能开始练习。端坐后，把双手放在大腿上，闭上眼睛，把注意力放在自己的呼吸上。

此时，无数念头会向你的脑海里奔涌而来，比如晚饭吃什么，昨天的电影真好看等。这是正常情况，当你发现自己心智游移时，重新把注意力放回呼吸上就可以了。

在我看来，“正念冥想”这个词翻译得很好，因为正念的正不仅是名词，而且是动词。把你游移的心智念头重新矫正回来，每一次矫正的过程都相当于锻炼了一次专注力。

第二种：聆听声音。

可以睁着眼睛，也可以闭上，去聆听一切你可以听到的声音，比如电风扇的声音、外面的雨声、马路上的鸣笛声、周围人的低语声。如果是一片寂静，那就去聆听沉寂的声音。

同样，在此过程中必然会发生心智游移，每次发生游移，你都要有意识地把注意力拉回来。聆听声音的正念冥想练习得多了，你的听觉也会变得灵敏，能听到那些总是被行色匆匆的人们忽略的声音。

第三种：仔细感受。

如果你站着或坐着，好好体会自己的脚底和鞋面接触的感受；如果你举着手机，仔细体会手指紧握手机的压迫感。当心智发生游移时，把注意力重新拉回你刚才体会的内容上。

我们之所以把正念冥想练习称为一种练习，是因为你不是仅知道它就能发挥出它的效果。它就和减肥一样，光知道“管住嘴，迈开腿”的六字真言是无法减掉脂肪的。

所以一开始你可以只练习1分钟，当你逐渐养成每天正念冥想的习惯后，慢慢地延长时间至20分钟。当你能把正念冥想变成一种习惯，变成像晚上睡前要刷牙一样自然的行为时，你就能获得大脑灰质增加、反应力和专注力提升、压力减轻的好处。

第五章

05

沟通负熵：让沟通成本降到最低

认知、情绪、财富、身体，这些都是我们与自己的关系。沟通负熵则要解决我们与别人的关系问题。为了能实现社交自由，让自己在处理与别人的关系中游刃有余，我们还需要践行沟通负熵，把沟通的摩擦成本降到最低，从而尽可能去实现双方的共赢。

识人式沟通：
事半功倍的沟通秘密

在与别人沟通的过程中，每个人都会表现出不同的行为特征。如果你能准确地掌握对方的主要特点，并且根据对方的性格特点调整沟通的策略，那么沟通效率将大大增加。

四类行为人格

人类行为研究学者、美国心理学家威廉·莫尔顿·马斯顿博士在1928年所著的《常人之情绪》中，把人的性格大致分为D、I、S、C四种。这四种人格拥有不同的行为特征。

第一种：D型（Dominance），支配型（老虎型）。支配型的人真的像老虎一样，天生爱冒险，喜欢去做激进的事。我在刚参加工作时是典型的支配型人格，争强好胜，喜欢处处压别人一头。这有一定的好处，因为这类型人格的人不轻易放弃，拥有不愿服输的斗志。

但支配型人格同时也有很大劣势，他们不喜欢别人直接提出反对意见。所以如果要和支配型的人沟通，你就一定要准备好委婉迂回的沟通方式——比如只是客观地把事实陈述给对方，让支配型人自己得出结论。

第二种：I型（Influence），影响型（孔雀型）。影响型的人犹如一只开屏的孔雀，他们喜欢成为万众瞩目的焦点。这类人最大的特征是有无穷的表达欲，他们喜欢在别人面前滔滔不绝，做任何事情都很有热情。

不过影响型的人做事情相对来说会比较粗线条，思维跳跃起来很快。你在和影响型的人沟通时，赞美尤其是走心的赞美是必需品，但这不意味着你要不动脑子地拍马屁，而是用认真倾听、时不时点头微笑、记下对方说的内容、从对方的语言中找到支持你观点或方案的论据等一系列真诚的行为来表示自己的认可。如此一来，对方会觉得自己有很大的参与感，这更有利于你们沟通后达成一致。

第三种：S型（Steadiness），稳健型（树獭型）。稳健型的人通常都很有耐心，他们在职场中是可靠的好员工，在家庭里是性格温和的另一半。稳健型的人不喜欢变化，他们更信赖和喜欢可预测、可把控的人和事。因此他们很不喜欢冲突，从而做起决策来也会略显犹豫不决。

如果你沟通的对象属于稳健型，那么整体沟通通常需要由你做主导，帮助和引导对方做出决定。

第四种：C型（Compliance），谨慎型（猫头鹰型）。谨慎型的人犹如一只小心翼翼的猫头鹰，他们是典型的风险厌恶者。要与谨慎型的人沟通本身是一件很难的事情，因为他们自身拥有非常严谨的分析能力，很容易就从你的表述中找出漏洞。而且他们一旦发现漏洞，就会产生极大的不信任感，以至于让你的沟通失败。

所以和面对影响型的人不同，当你面对谨慎型的人时，浮夸且表面的赞美只会让对方更警惕你的目的，你只有拿出数据、事实以及严密的逻辑推演，才能获得谨慎型的人的认可。

当然，每个人都是复杂的，不可能只是单一类型的个体，通常都会有多种维度并存的表现，比如有些人可能是大老虎—小孔雀型，有些人则是大猫头鹰—小树獭型。这些组合的出现也都是很正常的。而且随着一个人社会阅历的丰富，每隔几年，人的行为风格也会发生变化。所以只有识别对方目前状态的主要类型，你才能更有效地与对方沟通互动。

四个维度帮你准确识人

上面讲到的四种行为人格作为一个入门工具能帮助你识别对方外在的行为风格，非常适合初段沟通者。如果你想要进一步在识人方面有更深层次的研究，尤其你想在职场上用识人的方法和自己的领导有更好的沟通，你就避不开著名的MBTI（Mgers-Briggs Type Indicator）理论。

MBTI理论是由美国作家伊莎贝尔·布里格斯·迈尔斯和她的妈妈凯瑟琳·库克·布里格斯根据瑞士心理学家卡尔·荣格的心理学理论基础共同制定出的一套人格类型指标理论。

MBTI理论一共有四个维度，它们分别是：外倾型（Extrovert）和内倾型（Introvert），实感型（Sensing）和直觉型（Intuition），思维型（Thinking）和情感型（Feeling），判断型（Judgement）和感知型（Perceiving）。

为了便于你理解，接下来我会用与领导沟通的场景为你描述不同维度的应对策略。

第一种：外倾型（E）和内倾型（I）领导。

外倾型的领导善于且热衷于表达。他们有强烈的说话动机，会从与别人说话的过程中获得能量。假如你也有类似“好为人师”的特点，和外倾型领导相处起来，就一定要收敛自己。因为外倾型的领导喜欢别人去请教他，让他成为整体的焦点。多请示、多汇报的行动会让外倾型领导非常喜欢。

当然，这里我也不是说你要去拍外倾型领导的马屁，而是与外倾型领导真正结为传授方法的师徒，这将成为你在职场发展的有效生存策略。

而内倾型领导大多习惯从独处中获得能量。他们不是不爱说话，而是觉得说话这件事情并非绝对必要。因此，假如你和这种类型的领导单独处于同一空间却没有一个人开口说话，你也不用觉得有什么问题。这并不是那种“你不尴尬，尴尬的就是领导”的情况，而是与双方一起沉默相比，硬拉话题尬聊会让领导觉得更难以接受。

尤其值得注意的是，内倾型领导通常有很强的边界感，如果关系不是太熟悉，建议不要聊太过私人的事情，否则敏感的内倾型领导会觉得被你冒犯了。

第二种：实感型（S）和直觉型（N）领导。

实感型领导喜欢抓细节。他们通常对细节非常敏感，邮件中哪怕有一个错别字、字体不对或者字号大小没有用10号等都会被这类领导发现，他们非常较真。

这类领导的座右铭通常是：“细节决定成败，谋定而后动。”他们喜欢把每件事情都想清楚再做，所以必然会要求周围的人也不放过、不回避每个问题的可疑之处。尤其在听工作汇报时，就算他不懂实际的专业内容，也可以通过缜密的逻辑思维找到你的漏洞。比如，你的观点是否有足够有力的证据或数据支撑；你对一个挑战是仅仅解释它的难度，还是在思考怎么办。

总之，对于爱抓细节的实感型领导，你在和他汇报前，一定要准备得很充分，甚至比他想得更深入。只有如此，他才能对你放心、有信心。

相反，直觉型领导喜欢抓重点。这类领导崇尚帕拉图法则（二八法则）。在他们眼中，20%的关键会影响80%的结果。

在这类上司的口中，通常会出现的金句是："选择大于努力"，或"不要用战术上的勤奋，掩盖战略上的懒惰"。这些喜欢抓重点的领导还喜欢各种思维模型：诸如5W1H[1]、5W1Y[2]分析法等模式化的思维方式，都是直觉型领导的思维偏好。

如果你想和这类喜欢抓重点的"思维模型爱好者领导"相处

---

[1] 5W1H：以WWWWWH六个方面分析的思考方法。六个方面：对象是什么事（What）？场所在哪里（Where）？时间是什么时候（When）？责任人是谁（Who）？原因是什么（Why）？方式如何（How）？——编者注。

[2] 5w1y：就是对一个问题点连续以5个为什么进行刨根问底地追问，究其根本原因。——编者注。

好，一个值得参考的做法是多去研读领导案头最近在读的专业书籍，和他在沟通时产生同频共振。你如果能及时与领导认知同步，那你在日常交互的过程中就有足够的认知基础能和领导对接上。如此一来，你和领导就不仅是事业上的伙伴，甚至还是惺惺相惜的朋友，这种氛围能帮助你们一起以理论指导实践，让你更可能成为领导的得力助手。

第三种：思维型（T）和情感型（F）领导。

思维型领导通常有些不讲情面。比如乔布斯，他被员工称为“史上第一毒舌CEO”。甚至一次比尔·盖茨给他演示Windows 1.0（视窗软件的测试版），乔布斯都完全不给盖茨面子，直言他的不满和嫌弃。面对这样的领导，一就是一，二就是二，他们不会因为犯错的部下和他关系的远近而给出不同的处置意见。

所以，如果你对这类领导的秉性有充分的理解，你就可以根据领导更看重事情的偏好，重点从事情逻辑与客观对错出发，理性且公允地给出你的建议。

而情感型领导更看重人的情感。这些领导的表现往往与思维型领导相反，他们的管理哲学会把人分为“自己人”和“其他人”。

虽然这些领导可能会把“公平最重要”挂在嘴边，但在面对关键决策、重大奖罚时，你如果真的奉行了对事不对人的原则，领导嘴上未必会说些什么，但今后会改变对你的看法。所以针对看重人的领导，在这一点上不得不小心谨慎。有一句话说得好："你不能看一个人说了什么，而要看他做了什么。"

第四种：判断型（J）和感知型（P）领导。

判断型领导往往是一个做事情很有规划的人。他们每天都会给自己写to do list，每周的周报提早写好。开会时，判断型领导总会提前抵达会议室，用尽可能充足的准备应对一切变化。

面对判断型领导，建议你也把自己塑造成一个"凡是有准备，处处有回音，事事有交代"的下属。如果你在和判断型领导的沟通中，每件事情都有PDCA（Plan/计划、Do/执行、Check/检查、Action/行动），你就会很容易受到领导的赏识。

感知型领导则有很强的个性。他们更喜欢放飞自我，朝令夕改，开会迟到。我曾经有幸遇到过一位感知型领导，他在周一开周会时决定本周就乘飞机去大西北团建，真是一场"说走就走的旅行"。

我作为一个拥有判断型人格的人，和这种与我截然不同的感知型领导的沟通互动让我明确了自己想要的工作方式，也帮助我在离开之前的工作后尽快确定了适合自己的工作方向，更加坚定了自己践行财富负熵的想法。

正所谓失之桑榆，收之东隅。当面对和我思维方式完全不同的感知型领导，沟通和共事上确实困难重重，但我也从中学会了从不确定性中看见事物发展良好的一面。

谈判式沟通：
3个范式助你快速达成沟通目标

很多人觉得沟通就是沟通，谈判就是谈判，谈判离自己似乎很远，是在许多正式场合才用得上的技能。不过事实上，在职场环境里，我们需要说服别人认同自己的方案；在家庭中，我们需要协调家庭成员之间的认知从而达成共识；又或者在公共场所，我们可能需要获得他人的帮助。如果你能够获得谈判式沟通的技能，那么在很多问题上，你都能更加轻松地达到自己的目的。

一次“无声”的谈判

在沃顿商学院教授斯图尔特·戴蒙德的著作《沃顿商学院最受欢迎的谈判课》里记载着这样一个学员案例。

> 戴蒙德博士的一位女学生在与男友搭乘超长途国际航班时，由于前序航班延误，以至于两人抵达下一班机的登机口

时，该飞机已经关闭舱门了，地勤人员对两人表示了遗憾。一般人遇到这种情况，可能要么选择放弃继而改签，要么会与地勤人员据理力争，陷入情绪冲突。但这位女生可是在戴蒙德博士的谈判课上修过学分的，她立刻做出了让人吃惊的举动。只见她一把拉着男友冲到落地窗前，双手呈“大”字形张开，同时还用眼神直勾勾地盯着不远处飞机驾驶员的地方。

这不到十几秒的举动立刻起到了效果，没一会儿，登机口的电话响了起来，地勤微笑着转达了来自机长的善意：希望他俩抓紧时间，赶紧登机。

你看，懂得谈判式沟通的人没说一句话，仅仅通过肢体语言就完成了一次“无声”的谈判，顺利地达成了目标，省下了改签的时间并节省了可能产生的费用。这背后到底是什么呢？

这位女学生总共运用了3个技巧：目标至上、确定关键决策人、承认对方的地位和权力。

目标至上是一种谈判心法，它让你清晰地知道在这次谈判中自己的目的是什么。有些强势的人如果去和地勤人员争论对错，显然无法达成自己想要的目标。确定关键决策人则相当于把钥匙插进正确的钥匙孔，在上述案例中，有决策权的人是机长，而地勤没有。承认对方的地位和权力则是一种姿态，女学生通过肢体语言和眼神传递这一信息，有利于引导对方在帮与不帮中选择帮你，用对方的正常职权达成你想要的目的。

所以你看，如果你能掌握一些谈判技巧和范式，是不是也能很快达成你的沟通目标。接下来，我详细为你介绍3个来自斯图尔特·戴蒙德教授的常用范式——不等价交换、利用准则和情感补偿，来为你的谈判式沟通助力。

范式一：不等价交换

假设你们家有老人需要照顾，但想要找到一个称心如意的钟点工阿姨又十分不易。在换了多个阿姨后，好不容易出现了一个"完美阿姨"，但没过多久阿姨和你说，另一个家庭邀请她做全职服务。

现在你面临着两个选择：要么大幅涨薪，用高薪绑住她；要么重新花时间找一个"完美阿姨"。

你会怎么做呢？带着这份思考，我们来讲不等价交换的谈判范式，让我们从一个经典案例入手。

两个小孩争吵着分3个橘子。大一点儿的小孩说："我拿两个小点儿的，你拿个大的。"小一点儿的孩子表示极力反对，两个小孩叽叽喳喳吵个不停。

你可能立刻会说，这还不简单吗？把橘子肉都掰出来，然后请其中一个小孩平均分成两份，接着让另一个小孩先来选，不就解决了吗？这的确是科学分配的模型，但未必是最优解。

之后，小孩的家长过来问："你们为什么吵架？"大一点儿的小孩说："我要橘子肉榨果汁。"小一点儿的小孩讲："我要用橘子皮做实验。"

问清楚意图后，事情完美解决，一个小孩拿走了所有的果肉，另一个则获得了全部的橘子皮。

很多时候当沟通陷入僵局时，我们可能并不知道每个人真正在意的是什么，这就给不等价交换带来了更多的可能性。不等价交换意味着我可以拿出在我看来相对唾手可得但你得不到的资源，来交换对我来说很重要但你不那么需要的资源，从而实现彼此共赢的局面。

要有效实施不等价交换，通常有3个简单步骤：第一，弄清楚对方真正在意什么；第二，确认对方的需求；第三，用对方在意而自己比较容易获得的资源去做交换。

回到钟点工阿姨的案例。在我的建议下，这家人和阿姨进行了一次开诚布公的谈判式沟通，终于了解到阿姨近期有亲人得了重病要做手术，但她初到上海，不知道如何才能找到好医生，于是就想多赚点钱，去各大医院寻找相关专家。

而这家人恰好认识相关名医，所以通过不等价交换的谈判范式，一件让家里人感觉棘手的事情就这样得到了妥善解决。

范式二：利用准则

利用准则是一个专门用来摆正他人态度的谈判式沟通范式。

我曾在一家创立时间长达20多年的企业工作，这样的企业通常存在比较严重的人事关系。一次，我的一位年轻下属需要办理公积金证明，但她不敢一个人去人事部，想让我陪同，因为人事部有一位负责薪酬福利的“老资格”对待职级较低的同事特别凶。

那时我刚入职不久，这位“老资格”并不认识我，他看我长得像后生，也让我领教了一回强势的官僚态度。见到这个场景，在我身边的下属更是吓得一句话都不敢说了。

于是我就想起了利用准则这个谈判式沟通范式。我笑着对他说：“上周刚刚发了全员邮件，颁布了后勤部门的服务意识公告。如果你们人事部领导就站在这里，你还会用这样的态度和我们说话吗？”

说完，我继续保持微笑，静静地看着他。这位“老资格”欲言又止，接着按照我们的期待，在电脑上麻利地完成了业务流程。

出差时，我也遇到过类似的情况。

由于工作节奏紧张，我在酒店里赶方案。为了节约时间，我就点了一份可以开发票的外卖代替外出就餐。外卖由酒店的机器人送达，这让我感慨现代生活的便利。

但重点是，我拆开外卖包装后，一不见开发票的二维码，二找不到纸质发票。在用完餐、写完方案后，我开始在外卖App里和商家沟通。商家表示，你可以明天再点一份，我一起把发票送来。这句话把我逗乐了，我说："你们作为一家全国连锁店，顾客要连吃两次你们家的外卖才给送发票，这是你们的准则吗？"

我看到对方"正在输入……"，一会儿又没有显示了，于是又补了一句"温柔的威胁"："毕竟，如果我获得不了发票，你们店就会拿到一个投诉，这是我们双方都不想看到的。"

没过多久，商家就让外卖小哥把发票送到了酒店。我打电话请前台安排机器人把发票送到了房间，又享受了一回现代科技带给人们的便利。

范式三：情感补偿

情感补偿这个范式更适合使用在家庭场景。

一天晚上，我正在书房里修改稿件，突然听到儿子大哭。我上楼查看，只见妻子一边大声斥责儿子，一边还用食指戳了好几下练习簿："你到底在学些什么？这么简单的乘法拆分技巧你怎么就不会！"说完她把旁边的一本书往儿子头上一扔。

儿子用手挡了一下但没挡住，脑袋被书砸中后立刻做出了应激反应，哭声从小声的"呜呜呜"变成了大声的"啊啊啊"。

我慢慢走到两人旁边，同时在妻子和儿子的上臂部分揉了揉，没说话，先看一眼他们在讨论哪道题目。儿子的哭声稍微小一点儿后，我说："阿宝，你做不出这道题目，自己也很着急，对不对？"

儿子哭得上气不接下气，说不出话就点了点头。我继续说："你看，你做这道题目的时候，没有把88×5先拆成11×8×5，所以就不太容易理解了。"

儿子看了看题目，基本停止了哭泣，然后小手默默拿起了橡皮，擦掉了原来的答案，接着在本子上刷刷刷重新开始解题。我看他的思路对了，看来真的理解了，一场家庭情绪冲突终于随之解除。

情绪对任何一场沟通都会产生影响，在家庭场景里尤其重要。如果我冲上楼看到母子二人在争吵，直接简单粗暴地介入，在妻子情绪极为激动的情况下去阻止"妻子打孩子"，很有可能会被安一个"诈尸型教育"的帽子（平时管教孩子少，时不时来参与一下），接着很大概率会跟着儿子一起被批斗。这样一来，亲子关系冲突就可能升级成亲密关系冲突。

所以在踏入家庭谈判场之前，必须遵循目标至上的谈判原则。

面对上面的场景，在迅速整理思路后，我期望能达成两个效果：让两人情绪先平缓下来，停止打斗和哭泣；让儿子理解自己在习题上的问题，求出正解。

另外，你可能会好奇，我为什么要在两人的上臂部分揉一揉呢？因为复旦大学鞠强教授的心理学研究发现，家庭关系中裸露皮肤的接触有利于舒缓家人的情绪，是一种非语言信息的情绪安抚。所以，当我做出该动作后，两人的情绪水平就仿佛在烧开的热水里倒入了一碗凉水一样冷静下来。之后我询问儿子“自己也很着急，对不对”则是一种“先获我心式”的同理心表达，让儿子感觉爸爸懂他。最后儿子情绪稳定后，再去解数学习题就会变得更容易。同时，在我顺利让儿子理解了习题后，妻子的情绪也就彻底平复下来了。

上面这个从非语言信息传递到同理心共情再到解决具体问题的过程，就是谈判式沟通中的情感补偿范式。其中的关键步骤分为三步：第一步，识别家庭成员的情绪状态；第二步，迅速以语言或非语言行动舒缓对方情绪；第三步，处理具体问题。

在类似的关键沟通时刻逐步操作，你就有更大概率把当事人从情绪劫持中唤醒，进而实现你谈判式沟通的目标。

结构化沟通：
让你的沟通更有力量

电影《教父》里有一句经典台词——一秒钟看透事物本质的人和一辈子都看不清本质的人，注定过的是不同的人生。如果要把这句台词套用在沟通上，则是：一分钟能把话说清楚的人和一刻钟都表达不明白意思的人，注定过的也是不同的人生。

那怎样才能在很短的时间里把话说清楚呢？答案是结构化沟通。结构化沟通是一种按照固定范式呈现沟通内容的方法，其中最重要的部分就是结构。一旦领会了结构的力量，你也能直接套用，这让你在很短的时间里和别人完成有效沟通。下面，我就和你分享三种常见且有效的结构化沟通模型。

模型一：SCQA

来自《金字塔原理》的SCQA模型适合汇报场景。其中，S、C、Q、A这四个字母分别代表：

S是Situation，指背景，即目前的现状，这部分的现状是沟通对象也知道的。

C是Complication，指冲突，也就是在这样的现状下，你们遇到了什么问题。

Q是Question，指问题，从对方的角度，关心这个问题到底是什么。

A是Answer，指答案，即面对这类问题，目前的解决方案是什么。

在具体运用中，SCQA模型通常有3种不同的搭配方法。

搭配1：ASCA，答案—背景—冲突—答案。

比如你在公司开周会，领导要求你汇报一下最新进展。一般人可能会以时间顺序报告流水账，这让本来就没什么耐心的领导忍不住打断你，让你挑重点说。你一肚子委屈，因为不交代前因后果，你怎么把重点表述清楚呢？

其实，你可以使用ASCA的搭配方法，并进行这样的表达。

领导，今天需要向您报告的是，关于与客服部门联动邀约客户的提议（A）。到目前为止，时间过半，但完成进度只有35%（S）。主要原因是这个季度我们部门的指标增加了，现在虽然有职位空缺，但一直没有合适的新同事入职，所以无法支持进一步扩大用户触达和邀约（C）。上周我和客服部门主管进行了初步沟通，只要能给予一定的奖金激励，客服部门就能安排两位小伙伴参与电话邀约，我们现有的同事也有更多时间去做后面的承接工作（A）。

由于你一开始就把最重要的部分做了表达前置，所以领导就会有耐心听你后面的结构化内容。

搭配2：CQSA，冲突—问题—背景—答案。

CQSA搭配在说服式的沟通框架里非常有用。比如你和妈妈说，体检报告出来了，您已经是中度脂肪肝了（C），这主要和您平时吃得太油腻、活动太少有关系（Q），中度脂肪肝再发展下去会演变成肝硬化（S），所以从明天开始，我陪您每天运动至少20分钟，运动鞋都给您买好了（A）。

因为人脑对冲突十分敏感，所以先讲冲突可以有效地集中对方的注意力，让对方想要进一步了解问题和背景，从而更容易接受最终你给出的答案。

搭配3：QSCA，问题—背景—冲突—答案。

在需要和对方进行深度沟通的场景中，QSCA是很有用的结构。比如你可以和对方说：你知道我今天下午为什么要在会议上阻止你去做A项目吗（Q）？因为A项目是典型的国企项目，在客户侧需要进行层层审核（S），不仅需要消耗大量的时间，短期内也看不到收益（C）。所以，与其把精力花在A项目上，不如去做很快就能见到结果的B项目（A）。

以问题切入，去引发对方的思考，然后交代对方并不清楚的背景，把冲突显性化，最后再给出答案，自然更容易让人接受。

模型二：STAR

我的老师刘远在其著作《人才测评》中的STAR模型是一个适合应聘面试、晋升述职的结构化沟通工具。

其中，ST、A、R分别代表：

ST是Situation Task，在具体某个场景下你要完成的任务。

A是Action，你当时的行动是什么。

R是Result，你在这个任务中取得了什么样的结果。

这个模型非常有利于面试官或评审官迅速对你做出正面评估。

比如我从传统制造业转行到互联网行业时，面试我的副总裁问我："你是一个能在压力下拿到结果的人吗？"你可以试想一下，假如你被面试官问到这个问题，你会怎么回答呢？

如果我当时仅仅回答"我当然是一个能在压力下拿到结果的人"，则根本无法获得这位副总裁的信服。因为这样回答只是一个毫无力量的普通观点陈述。于是，我就立刻使用了一个符合

STAR模型的案例来佐证自己的观点。

“我所在的工厂每年总会发生许多起误操作事件，其中很大一部分是由于操作人员在心不在焉的情况下，把芯片晶圆的铁盒子从躺平状态下竖起来时方向转反而导致的翻撒。也就是操作人员本该顺时针翻转90度，却不小心逆时针转动了90度造成的。厂长下达命令，要求作为项目负责人的我把这类造成大量经济损失的误操作降到最低（ST）。

“一开始，我通过和项目组的小伙伴们进行头脑风暴，想出了一个办法：在铁盒子上雕刻箭头符号，并做全员培训，要求每次操作时，操作人员务必做到箭头符号向上（A1）。

“虽然培训执行得很好也很快，但在这之后的一段时间里，因铁盒子拿反以致芯片晶圆翻撒的误操作事件依然时有发生（R1）。

“眼看日趋接近厂长给定的截止日期，我顶着压力召集更多有经验的操作人员继续进行头脑风暴，终于想出了一个更优的解决方案：在铁盒子上不是雕刻箭头符号，而是干脆写上中文字——注意向上。因为当人脑注意箭头符号的时候，还需要去回忆培训内容到底应该向上还是向下，这需要调动人脑慢思考的理性系统。而当人脑接收到中文字符‘注意向上’的视觉信息时，只需要调动人脑快思考的直觉系统，就可以正确操作（A2）。

“果然，在雕刻‘注意向上’铁盒子的实验组，误操作率直接降低到了0%（R2）。”

虽然这是在芯片制造领域的行动改进，但在STAR结构化沟通模型的描绘下，这段克服困难的经历“要挑战有挑战，要细节有细节，要结果还有结果”。当我绘声绘色地讲完这段内容后，我从这位副总裁面试官的眼睛里看到了信任和肯定，最终也顺利拿下了这个高薪职位。

所以，当你也需要在类似场景中获得他人认同和信任的时候，STAR就是一个可以还原优秀事迹本来面目的结构化沟通模型。

模型三：Why-What-How

如果说前两个结构化沟通模型的使用场景相对来说不够宽泛，那么Why-What-How则是适合多沟通场景的结构化沟通模型。这个模型理解起来也非常简单。

Why：为什么要讨论这个话题？理解这个话题有什么好处？或者不理解有什么坏处？

What：现在我们知道这个话题很重要，但该话题本质上是什么呢？

How：理解了话题的本质后，我们要怎么做才能达到效果呢？

这样说有些抽象，我们就拿沟通负熵这个话题来举例。

第一，为什么我们要专门用一个章节来讲沟通负熵的事情（Why）？

因为我们在践行负熵的过程中不可能单打独斗，所以在协作的过程中也需要依靠沟通来同步信息、做好衔接、达成共识、解决问题、实现共赢。

与此同时，人又是很复杂的。如果不懂得沟通负熵的技巧，那么人与人之间的协作就很可能无法进行，甚至产生冲突，力无法往一处使。这就可能导致要么我赢你输，要么我输你赢，甚至双输的局面。

所以，唯有学会沟通负熵的策略，我们才更有机会与协作方实现共赢。

第二，现在我们已经知道了沟通负熵这件事很重要，但沟通负熵的本质是什么呢（What）？

从本质上来讲，每个人的偏好是不同的（需要识人式沟通），想要达成目标要有策略（需要谈判式沟通），沟通的效率应该得到保证（需要结构化沟通），沟通的结果最好能达成共识（需要选择式沟通），沟通的彼此需要理解对方（需要非暴力沟通）。

第三，当我们理解了沟通负熵的本质后，如何才能达成想要的效果呢（How）？

我们在每个小节里都详细讲述了若干前人总结出来的策略和技巧，正是站在这些前人的肩膀上，我们才能更容易达成目标，有迹可循地在达成效果的路径上做有用功。

你看，使用了Why-What-How结构化沟通模型后，一件复杂的事情很容易就被说清楚了，而作为信息的接收方，也能更有效率地获得你想传递的信息。

事实上，我在撰写本章节的时候，使用的就是Why-What-How的结构化沟通模型，你看出来了吗？

选择式沟通：更容易达成共识的沟通方式

你见过影视剧或历史小说里古代谋士给主公出谋划策的场景吗？他们有时会说，针对目前的困境，分别有上策、中策、下策三个方案，接着详细展开三种策略，最后请主公定夺。

在谋士的心里，难道他不知道哪种策略最好吗？不是的。谋士这么做，一方面通过详细展开三种策略分析每种策略的优劣，从而辅佐主公做出更有效的决定；另一方面给主公掌控感，并与他迅速达成共识。

这种选择式沟通是中国古代高智商谋士长年累月积累下的处事经验。可是，为什么这种选择式沟通就能给人掌控感，并且更容易达成共识呢？

选择权与内在动机

美国人格心理学家亨利·默里曾经提出过一种假设：人类对

于能决定自己“一件事情做或者不做”是一种与生俱来的需求。既然是人类本身的一种基本需求，它会和饿了想吃、困了想睡一样需要被满足，否则人们的幸福感就会下降。

为了验证该假设，默里教授进行了一项心理学实验。他将受试者随机分为实验组和对照组，实验组被要求在压力下有特定目标地去玩一种原本很有意思的积木游戏；而对照组没有任何压力，他们可以很随性地做出自己的选择，玩或者不玩。

大约半小时后，实验人员会先告诉两组受试者实验暂时告一段落，然后假装离开房间8分钟。临走前还不忘说一句，你们可以继续玩积木，也可以看杂志、闭目养神。然后在接下来的8分钟里，实验人员便会通过监控设备观察两组受试者的反应。

结果发现：经过之前不得不有压力、有目标地玩积木后，实验组中的人会更多地被杂志吸引，只有很少数人会继续玩积木；而在对照组中，有更大比例的受试者会继续对积木感兴趣。

这项实验的结果印证了默里教授的假设：有选择权的人有更强的内在动机。这其实很容易理解。比如在工作中，你做事的时候如果有同事喜欢在一旁指手画脚教你做事，哪怕他说得都对，你也会觉得很反感。但如果你真的遇到问题了，去请教同事帮助自己，对方指点了你，你不仅不会反感，还会心存感激。这里的深层次原因就是同事教不教你的选择权在你手上。

承诺一致性与达成共识

再深讲一层，选择权之所以会让人产生掌控感，是因为人类底层心理机制中的承诺一致性在起作用。

在你的学生时代，相信你一定有过类似以下的经历。你的老师在讲台上邀请同学们自己报名进行一项实验，你们都积极举手要求参与。这时候如果谁被挑中了，做起实验会特别有热情，还觉得自己能被选中是幸运的。但假如你们都没举手，是被老师盲点选中的呢？可能就会小声嘀咕：哎！今天太倒霉了，居然会被挑中去做莫名其妙的实验。然后做起实验来也会觉得十分没有兴趣。

这其实就是人类底层心理机制中的承诺一致性在起作用。承诺一致性会让你在选择做一件事情的时候，不自觉地按照这件事情的承诺方向执行。换句话说，一旦一个人认为这个决定是他自己做出来的，他就会更容易与协作方有更多共识，会设法完成这件事，如果完成不了，还会产生愧疚感。

你知道为什么关羽在主动请缨前往华容道捉拿曹操的时候，临行前诸葛亮会问关羽敢不敢立下军令状吗？因为要不要立军令状是关羽自己的选择，一旦他做了这个选择，尤其是如此有仪式感的选择，那他在“放走了曹操”后就会产生愧疚感。这种愧疚感有利于他放下与诸葛亮协作中不自觉流露出来的高傲和不配合。这也是诸葛亮通过选择式沟通设法与关羽在今后的协作中尽可能达成和解与共识的一种策略。

人类动机的研究者，美国心理学家爱德华·L.德西博士曾经在著作《内在动机：自主掌控人生的力量》中也举过一个有趣的例子。

德西博士朋友的姑妈是高血压患者，医生嘱咐必须长年服药，但这位老太太经常不愿听话照做，这就导致她时常因晕厥、中风被送进医院抢救。博士的朋友就很好奇，人命关天的大事，为什么就不遵照医嘱呢？但这位姑妈自己也整不明白，答不上来。

一段时间过后，当德西博士的朋友再次见到这位姑妈时，姑妈说自己已经好多了，现在每天能坚持用药，有小半年没去过急救室了。博士的朋友好奇，这是什么情况？其中到底发生了什么改变呢？

一番询问后得知，原来姑妈换了个新医生，新医生在她问诊的时候和姑妈说：“你觉得你在一天当中什么时间吃药最好？”姑妈朝着天花板看了两三秒后，说：“晚上吧！我喜欢睡觉前喝杯牛奶，如果能就着牛奶吃药的话，就再合适不过了。”

医生知道这种药物不会和牛奶发生化学反应，而且在一天中早、中、晚任何一个时间点只要服用一次就有疗效。正是医生给了这位姑妈服药方式和时间上的选择权，激发了姑妈内在的承诺一致性。这使她的潜意识与医嘱达成了共识，所以就看到了她按照自己喜欢的方式、在喜欢的时间坚持服药这个结果。

这不就是选择式沟通的效果吗？它能真正地帮助你提升和他人达成共识的概率。

选择式沟通两步走

知道了选择式沟通的效果，怎么做就是一件水到渠成的事情了，一共只需两步。

第一步，目标至上。

这一步是不是有点眼熟？是的，和谈判式沟通类似，在做选择式沟通之前，你也需要想好本次沟通要达成的目标到底是什么。比如卖鸡蛋灌饼的小贩，他问："你要加一个鸡蛋还是两个鸡蛋？"他的核心目标其实就是希望你加鸡蛋，以提升客单价。

第二步，给出两到三个选择。

因为这两到三个选择都是你草拟的，所以必定符合你的利益。然后把选择权交到对方手上，对方在做出选择后也能产生一定的掌控感。

比如我在家里带儿子的时候，儿子喜欢磨磨蹭蹭，早上不肯起床，要吃饭了也不愿意马上停下看电视。我爱人是急性子，每次都拉扯着儿子立刻起床、要求儿子马上关掉电视吃饭。这总会引发一次家庭小战。

后来，我就向我爱人演示选择式沟通的技巧，提前10分钟和我儿子说："阿宝，你计划5分钟后起床/吃饭，还是10分钟后起床/吃饭？"我儿子总会思考几秒钟，然后说10分钟吧。儿子觉得占到了便宜，我也达到了我的目标。最终选择式沟通在家庭育儿场景中成事于无形。

当然，选择也不宜给得太多，以免引发对方的选择障碍，3个左右的选项相对更合适。

选择式沟通的范式也有局限性，它更适合使用在单人做选择的场景，在多人选择的场景中使用就可能引发混乱。

腾讯前副总裁吴军老师曾经在《见识》这本书里指出，经营和管理的秘诀是不给选择。这是什么意思呢？

吴军老师分享说，腾讯公司每年都有经费让员工进行一次长途旅行。有一年，部门秘书将部门旅行方案呈给吴军老师把关，方案中包含了两个目的地，供员工自由选择。

选项A：北海道滑雪行程，领略北国风光，体验普通人只有在电影中才见过的滑雪项目。

选项B：普吉岛海岛行程，喝着果汁唱着歌，在蔚蓝的海岸线上躺平，享受沙滩与阳光。

吴军老师建议部门秘书只保留一个北海道的行程，而非自由选择的形式。原因是大部分深圳员工都没滑过雪，如果能够去北海道滑雪、品尝正宗的日本料理，就能获得全新的体验，从而感受到公司的好。

但如果给大家两个选项去选，去了北海道的员工又累又冷的时候，会自然脑补那些去了普吉岛的同事正享受阳光沙滩的美景，觉得自己可能选错了行程；而去了普吉岛的员工，一开始看到热带岛屿可能比较兴奋，不过玩了两天后也大概率会心生无聊，想到另一批享受日料和滑雪的同事，这会拉低自己热带岛屿体验的满意度。

吴军老师深知面对多人场景时，“选择了这个又患得患失那个”是一个很可能会出现的结果，选择在此时带来的不是福利而是后悔。

在这种情况下，不提供选择虽然无法让所有人满意，但却是最优的方案。

非暴力沟通：激发别人善意的心法和技法

我们来做一个思想实验。你和妻子一起用完餐，你拿出手机想打开游戏放松一会儿再收拾碗筷。但妻子看到你要玩游戏，马上说："快点把碗筷收拾了，别刚吃完饭就打游戏！玩物丧志！"面对妻子的这句话，如果满分是10分，请给自己的心情打个分。换一个场景。你是今天的会议主持人，同时负责会议纪要。会议结束后，领导催着你说："你怎么还不把纪要发出来呀！你看人家小王，每次会议一结束就发邮件了，赶紧吧。"面对领导的这句话，如果满分是10分，请再给自己的心情打个分。

是不是分数都不高？是不是你还觉得妻子和领导的情商都好低。他们怎么说话的，居然字字伤人。

事实上，很多人都是这类暴力沟通的加害者，但自己浑然不知。

暴力沟通的原因

在现实生活中，暴力沟通的接收方可不是给自己的心情打个分就结束了那么简单。他们有的会反抗，引发剧烈争吵；有的可能会先忍着，一旦有好机会就迅速离开；更激烈一些的还可能从语言暴力升级成真人暴力。

那么，如何解决真实世界中的这类矛盾与冲突呢？非暴力沟通就是高效的解决方案之一。

非暴力沟通这个词你可能听说过，它出自美国威斯康星大学临床心理学博士马歇尔·卢森堡的著作《非暴力沟通》。这套方法论结合了卢森堡博士将近50年的研究总结，是我们实现沟通负熵、解决人际冲突极为合适的方法论。

在卢森堡博士的研究中，他发现典型的暴力沟通可以被拆解为如下4个原因。

原因1：道德评判。

把自己的道德标准强行套用在别人头上。比如吃完饭不能放松一会儿玩游戏，必须先把碗筷都收拾干净，这就是妻子心中的道德标准。用自己的道德标准去评判别人的行为，看似合理，实则是暴力。

原因2：进行比较。

用别人的长处与你的短处做比较。就像孩子最讨厌别人家的孩子，我们成年后，也很容易被身边的人用比较之心在心理上施暴。你看别人一个月赚多少，你才赚多少；你看别人会议后立刻就发纪要，你怎么就那么慢；你看别人……

原因3：回避责任。

会把责任用不平等的方式强加在你头上。比如领导明明因自己开会前接了个电话迟到了，却怪你为什么不打电话提醒她，以致让领导在重要会议中失礼。

原因4：强人所难。

用权威把自己的意志强行加在你的头上。例如很多妈妈在少女时代都有一个钢琴梦，但自己由于种种原因没有实现，当自己有了孩子后，孩子分明没有练习钢琴的意愿，但仍旧每天晚上逼迫孩子练习。

卢森堡博士认为，以上4个原因背后更深层次的原因为暴力沟通者心中的信念是：人之初，性本恶（很多时候是懒惰、消极）。正是这种对于恶的假设，暴力沟通者才会在语言或非语言（比如眼神、肢体、语气）方面把暴力因子施加在别人身上。

与暴力沟通相对的是非暴力沟通。同时，与相信“人之初，性本恶”相对的不是相信“人之初，性本善”，而是学会激发别人的善意。

有一次，我发现对接部门的一个链接提交错了，我把错误处的截图发给了对方，并打算责问。没想到对方在我责问之前既没有找借口，也没有当场服软，而是立刻说："真是谢谢你！还好你及时发现了，否则客户看到就有大麻烦了！"这位90后不仅把我想说的话都给说了，而且还驱使我不由自主地忙按"退回键"，删除了原本想与对方"暴力沟通"的语言，而是发送了："对，是的，那就请修改吧。"

关闭了聊天对话框，我觉得这个女孩子真不简单，因为她不仅懂得换位思考，而且通过提前说出我想吐槽的话，成功地激发出了我的善意。

管理大师彼得·德鲁克说：管理不是控制，而是激发他人的善意。在我看来，激发善意是非暴力沟通非常重要的心法。作为一个笃定想去践行沟通负熵的人，你要怎样去激发别人的善意呢？

心法：感恩练习

在我看来，学会非暴力沟通最核心的一点就是学会对他人先产生正面的想象。著名的汉隆剃刀原则认为，看似恶意行为的背后可能是疏忽、无能或愚蠢，对别人恶意的假设在绝大多数情况下是错误的。

与此同时，我们还可以选择使用感恩练习有效提升我们对他人正面的想象。

耶鲁大学认知和心理学教授桑托斯曾经在BBC上发表过一篇关于提高幸福感的方法，其中第一条就是建议你写下感恩的事情，最好每天都写，并将它们变成感恩清单。

我做不到每天都写，但每隔一段时间我就会写下一些值得让我铭记和感恩的事情。尤其是在每年的特定节日，我会特地在这一天对过去一年曾经帮助过我的人再次表达谢意。

当我对别人表达了感恩后，满足是无以言表的，尤其是当对方懂得了我的感恩，同样给予我真诚的回馈时，我能立刻感觉到这份情绪正能量变得更厚重了。这会让我记得这份感恩的力量，从而推动着我在下一年去看到和记住更多别人的好。

看到和记住更多别人的好恰恰是激发他人善意的底层力量。

技法：非暴力沟通三步走

有了心法，技法其实就很简单了。为了便于你记忆，我把卢森堡博士的四原因根据我自己的理解总结成“是瘦球”三步。

第一步："是"就是"事实"。

当一场沟通可能陷入危机的时候，建议你首先表达你看到的事实。让我们回到本节开头的那个事例，妻子看到你开始玩游戏，马上说"快点把碗筷收拾了，别刚吃完饭就打游戏！玩物丧志！"这个场景，你可以怎样描述事实呢？

你可以根据实际情况表明自己真的很想休息一下，说："我今天下午开了3个会，回家路上挤地铁挤了一个半小时才到家。"这就能让爱人明白，你很累这件事是有原因的，不是在找借口。

第二步："瘦"是"感受"。

接着你要说说描述了这些事实之后自己的感受。

你可以说："其实我感觉真的很累，想先休息放松一下。"从而加深妻子对于这个事实的认可度。

第三步："球"是"请求"。

最后一步你就可以向对方说出自己的请求了。

你可以说："如果可以，我希望能休息10分钟再去洗碗，我现在就在手机上设置倒计时，时间一到我就立刻去洗碗，好不好？"

换位思考，如果你是妻子，本来不了解对方一整天都经历了什么，尤其当你已经假设了对方想偷懒，那你的确可能会"说重话，上情绪"。但对方此时把信息同步给了你，让你了解到对方的感受，而且还提出了听上去合理的请求，那你是不是更容易与对方达成一致呢？

同样，非暴力沟通的“是瘦球”三步也可以用在倾听上，从而用来理解别人的处境。

再回到前面的例子。领导说：“你怎么还不把纪要发出来呀！你看人家小王，每次会议一结束就发邮件了，赶紧吧。”

你可以经过过滤，把上面这些话拆分为以下信息。

“是”：一般情况下，会议纪要都会在会议结束时发送。

“瘦”：领导担心发慢了会被其他部门认为我们的办事效率不高。

“球”：领导希望我能快点把会议纪要发出来。

经过过滤，领导拿小王和你比较的暴力沟通被你拆解成非暴力沟通。接下来你也可以私底下找个时间去激发领导的善意。

你可以提前通过非暴力沟通的逻辑面对领导对你的要求。

“是”：领导当着那么多人的面拿你和小王比较。

“瘦”：你感觉自己有点难过。

“球”：你清楚地知道领导是期待你进步，同时希望领导下次私下给你提意见。

当然，你可以再补充一些信息，下次你一定在会议中就整理好会议纪要，保证会议结束就发出来。

你看，通过这样一来一回的两轮非暴力沟通解构，你是不是就能化解本身要起的冲突？你与别人的关系也变得更融洽，并且办事效率也提升了。

第六章

06

行动负熵：实现人生熵减的终点

在本书的前言，我就引用了《高效能人士的七个习惯》的作者史蒂芬·柯维曾经说过的话——任何事物的达成都会经过两次创造，一次在头脑中，一次在真实世界里。在最后这一章，为了让你不仅仅是前五章知识的“观光客”，也为了把这些知识内化成你自己的东西，将它们在你的真实世界里创造出来，你必须通过行动落地。

鲁莽法则：
从“先完成，再完美”到1000%提升

斯坦福大学教育系教授威廉·戴蒙在《目标感》这本书里将人划分为四类。

“第一类：疏离者。这些人既不会采取任何积极行动努力去追求目标，也不会展现出对于实现目标的极大渴望；

“第二类：空想者。他们总是喜欢与别人交流自己的想法，但这些人通常只是嘴上说说，很少采取行动，甚至几年之后他们依旧在谈论原来的这些目标；

“第三类：浅尝辄止者。这些人总会从一些行动跳转到另一些行动上，而这些行动之间很难看到有多大关联，换言之，这些人总是难以在同一个目标上持续保持专注；

“第四类：目标明确者。目标明确者就是我们在本书里介绍过的13%，他们不仅清楚自己要什么，而且还在不断地用一个个行动闭环去实现自己的中长期目标。”

这本书已经快接近尾声了，既然你已经阅读到这里，那你必然不是疏离者。但如何避免成为空想者，如何从浅尝辄止者走向目标明确者，你至少需要完成一次行动闭环。

为什么完成大于完美

当我第一次听到“完成大于完美”的时候，也觉得很不可思议，这和我们小时候接受的教育观念完全不符。尤其是很多人在初、高中的时候成绩维持在还可以的状态，如果让他们放弃完美，只是盯着完成，就仿佛只是盯着60分“达到及格线”那样，是一件不被允许且为人不齿的事情。

工作后，很多公司的企业文化是奉行精益求精，所以最常被强化的一句话是：要么就做到最好，要么就别做。这些领导把这句话奉为圭臬，每次重复的时候，他们的眼睛里甚至都会发光。

后来读了安德斯·艾里克森博士的《刻意练习：如何从新手到大师》，知道了著名的3F理论。

Focus：专注于某一领域。

Feedback：在该领域里通过行动获得反馈。

Fix it：在反馈之后进行改进。

我这才明白，如果一上来就追求完美是很难做到的。首先是能力上很有可能就达不到，而且这种对于完美的追求会有极大可能让人为了拥有完美的结果，从而不断优化方案，最终永远停留在方案构思的阶段。而没有行动就不可能得到任何反馈，没有反馈就根本不知道要朝哪个方向去改进才能在下一阶段做得更好。

得到公司CEO脱不花曾经说过："先搞起来，你就成功了一半。"如果你不知道应不应该去做，那就先去做。因为绝大多数的人在临终前很少会为做了什么而后悔，而总是为没做什么而后悔。这就是所谓的鲁莽法则。

受到鲁莽法则的激励，2015年，当我一周还写不出500个字，犹豫着要不要开始写作的时候，我注册了公众号。没关系，完成大于完美，先做起来。

2016年，当我第一次因为写作接到出版社邀约，编辑邀请我写心理类书籍的时候，我明显感觉到"可能做不好"带给自己的犹豫。但没关系，完成大于完美，先试着了解一下。

2017年，当我看到我喜爱的互联网公司正在招人时，对我来说跨界太大的压力让我裹足不前。没关系，完成大于完美，我先优化简历递交试试。

2018年，当我看到第三本书的内容挑战难度更大，编辑问我能不能写时，我还是会觉得犹豫和害怕。但没关系，完成大于完美，我先回答："能！"

2019年，当有人邀请我开设亲子家教专项课程时，我很焦虑和慌张。"没关系，完成大于完美"这九字真言再次发挥作用，我先咬咬牙答应下来。交稿、修改、反复修改，一篇改了17稿。在所有人的悉心打磨下，它最终真的像一个令人满意的孩子一样呈现给所有感兴趣的人。

2020年，由于之前受到了太多践行鲁莽法则带给我的正面反馈，"没关系，完成大于完美"的逻辑早就写入了我的基因，我接下了编辑给我的这个新任务。在我笔耕不辍的这几年里，我和很多人不断地交流学习，试图先用完成去拓宽我的可能性，最终得到相对完美的结果。

现在回头来看，正是那些不完美的开始推动我去迎接真实反馈，并且在真实反馈中，我不断地磨砺自己的硬本领。到今天为止，如果给我一整天的时间，我已经可以较高质量地完成5000字了。而如果在2015年我没有开始写作的时候，就先想我什么时候能够一天完成5000字，对我来说，写作这件事可能就不会开始了。

1000%提升

全球知名时间管理大师博恩·崔西在《高效人生的12个关键点》里提出过一个叫作1000%提升的工具。这个工具的核心含义可以用一句话来概括：任何人都能在一段不算长的时间里以持续不断的微小进步来实现巨大飞跃。

我们以写作为例，如果一开始，你也只能一周写出500字，那么你是否每天都能进步0.4%呢？比如每天设法多写2个字，这样每周就能多写14个字。这是一个很低的要求，你甚至可能觉得这有什么难的，哪怕多写出20个字也都轻松无压力。

不过这里很重要的一点不是一下进步很多，而是保持“流水不争先，争的是滔滔不绝”。

如果你真的能持续每天进步0.4%，那么一年下来就是146%的提升；2年就是2.92倍；5年就是7.3倍；7年就是10.22倍，大约是1000%的提升。

是的，李笑来老师曾经就说过：七年就能掌握一种技能，七年就是一辈子。

我们只需要用每天认真进步0.4%的速率去坚持“日日新”，7年累计下来就可以获得一个非常恐怖的成长。

更何况每天0.4%的提升仅仅只是一个基础要求，我们有时候在读了一本书、听了行业大咖的某一次讲座分享后会醍醐灌顶，对某件事情的看法变得更通透了，这可能一下子就是0.5%~1%的进步。

难怪崔西老师有许多学生在4~6年后见到他时会满怀感激地告诉他，自己只用了几年的时间就实现了收入的十倍增长。

这在外界看来十分不可思议的事情其实道理很浅显：你对自己某项技能的每一次努力都会让你在这方面的有更厚实的积淀，最终体现在你完成工作的效率和质量当中。

从鲁莽法则到1000%法则

接下来我们来把方法落地，整个过程一共可以被分为五步：

第一步：善鲁莽。当一个机会出现的时候，不要犹豫，要善于鲁莽，先有一个要去试的意识。只要这件事情的最坏结果不会对你的声誉造成不良影响，你就可以先以低姿态承接下来。

第二步：拨资源。你最重要的资源就是你的时间，为了完成你承接下来的任务，比如每周完成500字的一篇文章，你就要拨出你的时间资源去阅读、去输出。

第三步：订计划。你可以把你的计划写下来，让自己每天都能看到每日计划，按时按量地去完成它。

在订计划的步骤中，崔西还特别提醒，要用现在进行时写计划。你可以写“我在读一本书”而不是“我要去读这本书”。因为使用这种方式来订计划可以让你的大脑潜意识对目标十分敏感，一旦实现目标的场景出现，你会更倾向于去践行这项计划。比如我现在“正在写作”，你“正在读书”，这就是你和我在相同的时空下一起产生每天0.1%提升的奇妙行动。

第四步：会输入。还记得熵增定律的两个条件吗？一个是封闭系统，一个是没有外力做功。学会输入就能打破封闭系统，外界的知识、经验的流入正是外力对自己的做功。所以当你每天有充裕时间的时候，你可以通过看书输入。如果你的时间实在不充裕的话，你至少可以通过听音频类内容或者看视频类内容碎片时间来增加你的输入。这些都是对我行之有效的方法，也一定能给你的“1000%成长计划”助力。

第五步：能复盘。苏格拉底说，没有反思的人生，不值得过。在这个方向上每完成一个小闭环之后，立刻问自己两个问题：在这一轮当中，我做对了什么？下次再来一遍的话，我要怎么做才能做得更好？

在回答这两个问题后，接下来你要做三个对接下来的闭环很重要的决定：停止做什么？继续做什么？开始做什么？需要注意的是，任何一个方向的成长都需要积累，反复的积累能让你走的每一步都有意义。在你持续行动了一段时间后，你在这方面的技能就能内化成你的肌肉记忆，你随随便便展现出来的能力在外界看来都可能会让人刮目相看。

动机法则：
用行为设计找到自己的黄金行为

你打算开始践行身体负熵，计划四个月减肥6kg。你看了看同事刚刚摆在你手边的奶茶，一咬牙、一跺脚，喝一口吧。随着这一口奶茶下肚，你的味蕾和情绪完全欢腾起来的同时，今天的减脂计划宣告失败。

你计划周日下午腾出时间好好读一本书，给自己做一次认知负熵。可一坐下来，手机弹出的新闻引起了你的注意。你点开新闻，从头读到了尾，发现底部的更多信息中，你喜爱的明星又拍了新电影，你从图文浏览到了短视频……当你意识到应放下手机时，1个小时已经过去了。

以上行为你有过吗？为什么会出现这种情况呢？我们先来复习一下人类行为模型。

再次厘清人类行为模型

前面我们介绍过人类行为模型：B=MAT，即行为=动机×能力×触发条件。任何一个行为的促成，都离不开动机、能力、触发条件这三个要素。比如，30元一杯的奶茶比较贵，你对相对昂贵的饮料尝鲜的动机很有可能压制住你践行身体负熵的动机，而且奶茶就在手边，喝奶茶这个行为完成起来没有任何难度和阻碍，更何况周围的同事都在奶茶中获得满足又给了你多重触发，于是在这样的环境中，沦陷就是瞬间的事。

在这三个要素中，首当其冲的要素就是动机。什么是动机？动机是激发和维持有机体行动，并促使行动导向某个目标的心理倾向或者内驱力。简而言之，动机就是想做或者不想做的冲动，是人的一种愿望。

可是事实已经证明，拥有良好的动机并不能让你实现自控，从而带来良好的结果，这又是什么道理呢？

第一，动机是复杂和矛盾的。肚子饿的时候，看到别人在吃炸鸡，突然很想吃，这是动机；想到炸鸡的卡路里很高，吃了今天的减肥计划就要泡汤了，忍住嘴馋，也是动机。斯坦福大学行为设计实验室创始人福格博士在著作《福格行为模型》中曾说："动机很复杂，有时候它们看起来就像是在进行一场心理拔河比赛。”

第二，动机很不稳定。动机高涨的时候，比如今天你过生日，你就特别希望吃一顿生日大餐，这是很强的动机。但如果你的生日是在昨天，此时，吃大餐的动机就会大幅度降低。

第三，动机无法帮你实现长期目标。这个我相信所有人都有体会，你很有可能突然受了某种刺激，当天晚上运动或读书1小时以上；但到了第8天，就可能完全提不起劲去做同样的事情了。

福格博士认为："动机是最不可预测和最不可靠的，这不是缺陷，而是人性。"所以，动机是果，而不是因。聪明人懂得在因上做功。所以，你可以选择通过行为设计用符合人性的方法在因上做功，让自己更容易获得想要的果。

行为设计的三个步骤

什么是行为设计？行为设计是行为科学和设计思维的结合体，它能帮助你通过事前有序的设计安排助推你更轻松地完成预定动作，为最终目标助力。

行为设计的第一个步骤：明确愿望。

这个步骤和我们认知负熵的思维方式很像，先明确我们要到哪里。但这里需要特别注意的是，你必须很清楚实现该愿望可以给自己带来的好处究竟是什么。

比如，很多人会给自己定“一年看完50本书”这样的愿望。可是，这真的是他的愿望吗？他为什么要读完50本书呢？读完这50本书对他意味着什么，能给他带来什么？很多人可能从来就没思考过这样的问题，这和我们从小到大的学生思维有很大关系。因为我们总会下意识地认为读书是一件好事、背单词是一件好事，但很少去思考这些好事背后到底指向哪个目标。

我自己一年可能会读50本书，但不是为了读书而读书，我读书的目的是纳入外部新知（能量）用来对抗熵增，同时用于配合写作。所以，我需要用读书给自己拓宽眼界，然后把这些新知践行在生活里，再把践行的体验和结果变成文字。

这就是愿望（对抗熵增、拓宽眼界）、成果（让写作成为我合理的副业）和行为（读50本书）之间的关系。明确愿望不是一拍脑袋说“我要”，而是一个不断思考、厘清自己的过程。你只有真正想明白你的愿望，才能进入第二个步骤。

行为设计的第二个步骤：探索行为选项。

当你的愿望清晰后，就可以罗列出一大堆你可以想到的行动来实现你的愿望了。例如你明确愿望的结果是：希望四个月减脂6kg，希望能拥有一个自己看起来很舒服的体型，让自己充满自信。厘清了这样一个愿望后，你就能开始罗列类似的行动选项：

一部分上班路途用走路或骑车代替乘坐公交或地铁；

每晚坚持做一次HIIT运动；

每周去三次健身房做有氧运动；

不再吃零食；

自己准备轻食作为午餐和晚餐；

每天带两根黄瓜，上午或者下午感觉饿的时候吃；

下载一个健康管理App，记录自己的饮食；

发现当日摄入过多时，就用跳绳来消耗掉；

…………

当你把所有可以想象到的行为选项全部罗列下来后，你相当于为自己做了一次头脑风暴，那么接下来，我们就可以进入第三个步骤了。

行为设计的第三个步骤：为自己匹配合适的行动。

第三步是最关键的一步，因为它会关系到你能否持续践行，以及持续践行是否有很好的效果。福格博士把那些和你最匹配的行为称为黄金行为（Golden Behavior），它需要符合三个标准。

愿望导向：该行为的确可以帮你实现愿望。

动机导向：你愿意践行这个行为。

能力导向：你完全有能力践行该行为。

接下来的步骤就简单了，把所有的行动选项在接下来要讲的四象限里去做一一对应的匹配。

行动四象限

如果你把愿望导向作为x轴，把动机和能力导向作为y轴，就能非常清晰地形成一个笛卡儿坐标的四象限。

第一象限：低愿望—低意愿或能力导向。

该象限的内容属于头脑风暴中不可靠的选项。比如每天只吃蔬菜或水果，听起来好像很健康，且不说水果里的部分品种的糖分含量极高，哪怕你吃的是不太甜的水果，那么你的摄入很可能造成过大的能量缺口，这会让你的身体进入饥荒状态。在这种状态下，不仅基础代谢会减少，而且人的免疫能力会受影响。

第二象限：高愿望—低意愿或能力导向。

该象限里的内容的确能帮你实现愿望，但要求比较高，以至于你可能做到1～2次，但往往很难坚持。比如每天运动60分钟，如果真的能做到，那减脂就是板上钉钉的事情。但对于刚刚启程的你来说，你大概率缺乏意志或能力去坚持每天运动60分钟。

以下行动选项对普通人来说可能都属于第二象限。

每晚坚持做一次HIIT运动。

自己准备轻食作为午餐和晚餐。

下载一个健康管理App，记录自己的饮食。

第三象限：高愿望—高意愿或能力导向。

这里就是我们的黄金行为象限了。在这个象限里的行为，不仅对你实现愿望有效，而且践行起来也不太费劲，你完全有能力、有意愿去完成它们。

以下行动选项对我来讲就属于第三象限。

一部分上班路途用走路或骑车代替乘坐公交或地铁。

每周去三次健身房做有氧运动。

发现当日摄入过多时，就用跳绳来消耗掉。

我有时也会受到美食的诱惑，不过就算吃下去了，回家跳跳绳就能把这些卡路里消耗殆尽。

第四象限：低愿望—高意愿或能力导向。

这个象限里的行为是你完全有能力也很愿意去做的，但对于达成愿望没有帮助。把这类行为归类好，我们就能条理清晰地对它们做出十分客观的评估。

通过对以上四象限的梳理，你就能很清楚地匹配到“真正有效果，也是自己真心想去做的行为”了，这也是行为设计有效的关键。

福格博士的愿望是“多睡点觉”，他通过行为设计给自己找到的黄金行为是：睡觉前把手机调成静音模式；每晚听白噪声；晚上把宠物关到笼子里。简简单单的三个动作，执行起来也不费劲，却能很好地实现效果。

现在，你也可以参照以上行为设计的三个步骤和行动四象限法，去厘清你的愿望，并找到与愿望匹配的黄金行为。

行动法则：两个要素让黄金行为反复出现

黄金行为是可以帮助你日拱一卒实现目标愿望的行动，但它仅仅解决了与动机形成良好匹配的问题。接下来，为了让行为有效地反复出现，我们就需要继续观察B=MAT中的后两项——能力和触发条件。

从最小能耗开始行动

周末，我们在家吃完饭，我会问我11岁的儿子："你想洗中午的碗筷还是晚上的碗筷？"他会认真思考一会儿，然后告诉我："那就洗中午的吧。"

你可能看出来了，这是之前提到的沟通负熵中的选择式沟通。但这种沟通有一个前提，即11岁的儿子具有分担洗碗这项家务的能力。

事实上，在他8岁的时候，我和妻子就开始训练他洗碗了。

但无论是儿子还是家里的老人对此都是抗拒的，在这种环境下，我是怎样让这件事情发生的呢?

答案是：让儿子从“用水把一只擦过洗洁精的碗冲洗干净开始”。因为把碗冲洗干净的能耗极低，可能不到10秒就能完成。所以多次尝试之后，我就开始了第二步：让儿子把沾有洗洁精的海绵对一只碗的内外擦拭一遍，接着再做他非常熟悉的第一步。

在接下来的一段时间里，只要有机会，我们就会让他洗一只碗。直到有一天，我们发现儿子能把一桌子的碗筷都洗得干干净净，而且摆放得整整齐齐。我们把他的劳动成果拍照发到了家庭群里，儿子受到了各种表扬，很是开心。从那天起，每逢周末，我们都会和儿子进行一次关于洗碗的选择式沟通。

为什么培养孩子洗碗的习惯要从“用水把一只擦过洗洁精的碗冲洗干净”开始呢？因为在公式B=MAT中，如果先不管触发因素，当需要的能力较大时，只有较大的动机才能驱动行为。换言之，如果动机不够大，那想要促使行为发生，就不能对能力提出过于苛刻的要求。

这也很好理解。比如一直想要开启理财技能的人都有阅读《穷查理宝典》等投资类书籍的动机，但其中又包含了许多诸如PE、PB、ROE等财务方面的专业术语，让人看得头皮发麻、昏昏欲睡。

但如果一开始只是要求自己从最小能耗开始行动：每天只看一页投资书，每周只搞懂一个专业术语，那完成行为所需要的动机就不必十分高涨。而随着时间的推移，随着你在财富负熵方面的能力日积月累，看到这些专业术语比亲人还亲，甚至能与投资多年的人对答如流、相谈甚欢，你关于投资和财富负熵的习惯就会自然而然地养成，你离财务独立也就更近一步了。所以，很多事都是从一个非常简单的事情开始做起坚持下来的。

每天阅读，从拿起书开始，只要求读一小段就好。

控制情绪，从课题分离开始，只要求想一想什么是“别人的事”，什么是“我的事”就好。

开始锻炼，从活动起来开始，只要求开合跳3~5次就好。

冥想训练，从专注自己的呼吸开始，只要求闭上眼睛感受就好。

……

从最小能耗开始行动，假以时日必能让你的能力圈越扩越大。

触发为什么重要

有一次，我的母亲心脏不舒服需要静养。恰巧母亲新买的卫生间台盆到了，家里没人在一旁看着师傅安装，母亲感觉不放心。我特地调休一天看着师傅将台盆安装完毕，但由于时间太晚了，就决定在母亲家住一晚上。

要命的是，我忘记告诉妻子了；而且由于忙了一整天感到疲劳，我不仅早睡，还习惯性地把手机调成了静音状态（妻子睡眠质量不好，我养成了每晚临睡前把手机调成静音的习惯）。第二天醒来，我一看手机，发现有10多个来自妻子的未接来电，妻子还在凌晨通过微信留言，打算一早报警去找我。

我看到这个情景也急坏了，赶紧拨电话过去，然后免不了遭受着急且一夜无眠的妻子的批判。我和母亲打了一声招呼后立刻赶回去当面去做情绪安抚，最终使用了之前提到的“是瘦球”非暴力沟通法，才平息了一场家庭情绪冲突。

事后复盘，“忘记打招呼”当然是重要原因之一；同时电话静音以致没有触发行动，也是另一个造成这起乌龙事件的根本原因。

这件事对所有人都是一个提醒。因为就算你有接电话的动机，并且接电话这个行为毫不费力（无须过多的能力），没有触发，行动依旧不会发生。

作为复盘反思“什么应该开始做”的行动方案，我在网上搜索了一下，找到了解决方案：把妻子在手机联系人里添加为收藏，这样即使手机为静音状态，她打电话过来时仍旧会和普通状态一样响，产生触发。

两种触发让你行动起来

理解了触发的不可或缺性，如果你希望黄金行为以最小能耗的方式反复重现，有两种触发可以让你行动起来。

第一种是工具触发。工具触发是以便利贴、手机App等工具提醒自己开始行动的一种手段。比如久坐是一种很容易引发健康问题，增加脊椎、颈椎和心血管负担的行为，所以我设置了一个每天下午2：55会响的手机闹铃，去提醒自己一定要站起来至少活动一下。

日程规划App也是非常高效的触发工具。每当我在App上记录好自己规划的日程后，它们会在计划时间来临前的15分钟弹窗告诉我："你还有一刻钟的时间做好当前工作的收尾，因为你马上就要开始进行下一项行动了"。

第二种是行动触发，这也是我要详细展开的内容。工具触发虽好，但它毕竟依靠外物，是一种外部触发。倘若外部工具提示的频率比较低还好，但如果频率偏高的话，我们会变得麻木从而忽视这类触发。行动触发则是一种犹如条件反射一般的内部触发方式。比如起床后的第一件事情是刷牙，坐上地铁后的第一件事情是拿出手机，吃完饭后的第一件事情是嚼口香糖。

事实上，上面这些犹如条件反射般根深蒂固、自然而然的行动触发都是你后天养成的习惯，而且形成类似的行动触发也并不复杂，只需简单的三个步骤就能形成行动触发的回路。

第一步：确定锚点。这里所指的锚点是你在生活中必然会经历的事情，比如吃完晚饭、一到公司、起床等几乎每天都在发生的事情。比如我自己每天起床之后先刷牙，刷完牙之后立刻打开电脑写500字，这些就是我的行动触发。

上一节介绍过的福格博士的锚点更有意思，由于他十分希望加强身体锻炼，所以会在上完洗手间之后立刻做两个俯卧撑。这个组合虽然听上去奇怪，但的确可以让福格博士在不知不觉中拥有相对充足的运动时间。

第二步：将锚点与黄金行为挂钩。当你找到自己的黄金行为，同时又苦恼每周践行不了几次的时候，不妨考虑将锚点和黄金行为挂钩。

比如一个人体检查出脂肪肝，治疗这项亚健康问题的黄金行为是每日快走，如果乘地铁是他的日常通勤方式的话，那么下地铁之后就立刻快走到公司正是将锚点与黄金行为挂钩的完美组合。

第三步：用最后动作优化锚点。有时我们通过第二步未必能在锚点与黄金行为之间建立有效的挂钩，此时，就不得不使用放大镜去详细审视锚点内部的流程细节。

因为诸如“到了公司之后”可能描述得比较笼统，而大脑是个喜爱偷懒的器官，所以如果想要使挂钩更有效，不妨把最后动作描述得更清晰。

比如到了公司之后，我通常并不会马上去健身房运动，而是先喝一杯咖啡，放松一会儿，看一眼表等时间显示为8：15的时候，我会戴好耳机去健身房做运动。在这个过程里，“看一眼表等时间显示为8：15”就是我在该环节的最后动作。

福格博士在上完洗手间后做两个俯卧撑前的最后动作是按冲水按钮，我在每天早上开始写500字前的最后动作是放下牙刷杯，正是这些最后动作令我们的大脑仿佛机器一般有节律地去执行接下来的黄金行为。

首步法则：
改变，从重复微小的第一步开始

现在，关于如何鲁莽地开始行动，以及关于行动的三要素，你已经形成了一定的认知，不过现在你可能仍旧不知道应该如何开始践行。所以，你眼下所需要的可能是更微观、更实际的首步行动。接下来，我会进一步用自己的亲身经历来和你分享，首步行动为什么远优于站在岸上旁观，以及你到底应该如何开始。

我的财富负熵首步行动

2007年，中国股市迎来了一轮牛市。彼时我参加工作仅仅1年多，积攒下了1万元。我的父亲是个老股民，他就鼓动我说，股市那么好，你至少应该拿这1万元全部用来买基金。

在父亲的反复催促下，我终于在某个宁静的中午，带上身份证前往公司附近的某个证券交易所和工商银行，完成了开户和银证转账，践行了首步行动。

一开始这支基金涨得真不错，1万元很快就涨到了1.2万元、1.4万元，并在2007年9月底涨到了最高点1.6万多元。一年不到，竟然获得了超过60%的收益，这是多么恐怖的数字。我对自己的理财决策特别满意，甚至还想过以后可以全职去做基金投资。

可我太天真了。过完国庆，基金价格开始跳水，几乎每周都在蚕食我的利润。每天我感觉有一块石头压在胸口，但我也总是幻想着这只是暂时的，很快就会涨回去。但直到2008年我和妻子筹备婚礼的时候，1.6万多元只剩下1.1万多元了。由于需要花钱，我选择了全部赎回。也幸好做了这样的决定，因为后来这支基金继续下跌了将近40%。现在看来我是幸运的。

首先，人生的第一笔投资虽然乘了一回跳楼机（先上涨到1.6万元，后下跌至1.1万元），但最终仍旧产生了大约10%的年化收益率。其次，正是由于有了这次投资经验，我才会一方面对市场有了敬畏，一方面对投资类的知识产生兴趣继而研究学习。最后，正是由于不断地在实践中得到或正或负的反馈，我才最终找到和建立了适合自己的投资模型，用前人的经验和知识去不断试错、调整，再到现在设计规划和不断梳理“关于我、概率和财富的关系”，并且写进了这本书。

时至今日，我要特别感谢我的父亲。虽然他的投资水平并不算高明，但在我很年轻的时候，让我用并不多的钱在投资市场里以一种相对安全的方式开启了我的首步行动，真正地把他老人家自己的认知变成了我在投资之路上的起跑线。

首步行动为什么远优于站在岸上旁观

浙江大学应用心理学博士陈海贤老师曾经在著作《了不起的我》中举过一个例子。陈老师有一个来访者，他面临着一个很大的麻烦：已经是大四最后一个学期了，但他有四门课没修完，修不完要被勒令退学。更要命的是，这位来访者简直患上了行动困难症，每天醒来只想在宿舍里玩游戏，寸步不移。

他很苦恼，因为他以前还是村子里首个考入名牌学府的学生，是村子里后辈的榜样，现在却沦落至此。这是一种明显的认知上很清醒，而行动上偏偏迈不开步的典型。

不过陈海贤老师只用了一招，就彻底改变了这位学生的情况。

陈老师问："假如你仍然想顺利毕业，你现在的第一步应该做什么？"这位学生想了想，然后说："应该是让作息先正常起来，到食堂里去按时吃饭吧。"第二天，他迈开了这一小步，然后在食堂里遇到了一个同学。同学正在考GRE，希望有个人能互相提醒早起（提供触发条件），一起吃早饭（无须过多能力），他点头答应了（动机：承诺一致性）。他们从此开始一起上早自习，这位学生的状态也就一点点好了起来。

你看，仅仅是去食堂吃饭这小得不能再小的首步，就如同多米诺骨牌一样，在走了第一步之后，后面又产生第二步、第三步……直到最终成为预期的样子。

你可能会说，这位同学只是运气好罢了，假如他第二天在食堂里没遇到那位同学，那位同学也没在考GRE，没要求他互相提醒；又假如他只是随口答应，但第三天没一起上早自习，可能就没有然后了。

你说得有一定的道理，不过如果你还记得概率思维里的胜率模型，那就知道先去食堂正常地吃饭对于这位同学来说是一件需要投入时间很少却有一定概率牵扯出更多后续可能的事情。

我们曾经说，假设一件事情发生的概率是1%，重复68次后，那么它发生的概率就高达50%。也就是说，只要这位同学能重复这项微小的首步行动68次，他就有50%的概率会触发后续的隐藏“剧情”，继而带领他走出天天窝在寝室里玩游戏的泥淖。

反观知道要去做却始终迈不开首步的岸上旁观，不做任何行动引发后续隐藏“剧情”的概率必然是0，那么人也不会有任何改变。

为什么首步行动能助推你达成更多行动

还是以我的亲身经历为例。当我有了首次买卖基金的经验后，我发现买入和卖出的行为远没有我想象的那么复杂。完成一次交易的动作给我带来了自我效能感，即个体对自己是否有能力完成某一行为的判断，而这种判断明显把我的能力边界扩大了，让我产生动机去探索更难一点的事情。

2009年，工作第5年的我和工作第4年的妻子积攒下了10万元。此时我被一则上海地铁11号线将向西延伸到昆山的新闻吸引了，这就诱发了我的一个念头：有没有可能在地铁通车之前买个小套间，然后在地铁通车后再卖掉呢？

一个声音出现在了我的脑海：10万元怎么可能买到房子呢？另一个声音又出现了：如果我要买房，那我的第一步动作是什么呢？答案是：前往昆山看房。

有了这个首步行动方案后，到了周末，我就和妻子通过复杂的地面交通几经换乘抵达昆山，接着在想要做成生意的中介的帮助下看中了一套只有40m^{2}的一室一厅，以9000元/m^{2}的价格贷款买入。

虽然中间经历过从9000元/m^{2}跌价到8000多元/m^{2}的经历，

但在地铁11号线通车后，我们便以11000元/m^2的价格卖给了一对中年夫妇。即以10万元的启动资金，在短短数年之间赚到了不到8万元。

2015年，上海房价有一波低谷，我又注意到当年公积金利率下调的新闻，果断地和妻子商量后，在很短的几个月里使用公积金贷款买下了上海嘉定的一处90m^2的房产，并在短短的一年里看着房价涨了2倍。

这里有运气的成分，而且你可能还会觉得我说的这段经历是不可复制的。的确，但我更想说的是，如果没有首步行动，没有行动完成后带来的自我效能感，也就没有后续更多、更复杂的行动。

首步行动四步走

首步行动如何开始？很简单，分为四个步骤。

步骤一：确定你期望达成的一个具体目标。我们在认知负熵的章节里就曾经说过，目标是你行动的原动力，只要有了目标之后，你就可能产生许多可靠或不可靠的行动方案。所以，只要你确定好了一个具体目标，你就完成了首步行动的步骤一。

步骤二：如果一段时间后你的目标达成了，你最可能做出的第一步行动是什么？这是非常关键的一步，让你站在成功抵达目标的彼岸反过来思考你必须要踏出的那一步是什么？比如买卖基金，第一步一定是开个账户；买卖房产，第一步是去看房。

步骤三：实践第一步行动，然后每次积累自我效能感。既然这第一步的小行动已经确定好了，那就开始实践吧。当然有时候，第一步小行动做完之后未必都能获得好的反馈。但正是因为有正负反馈，你才有机会去调整你的下一步，比如阅读、吸收与这方面相关的知识，不断地厘清做这件事情的胜率、赔率到底是多少，你该如何安排你的下注比率。

步骤四：调整策略，反复行动。时间、精力、金钱都是你的资源。当你在下一步行动前通过不同的策略调整，选出胜率更高的事情去做，或者把较小的资源押到胜率不高、赔率不低的事情上时，通过反复的行动，得知你的时间花在哪里，你的产出也更可能体现在哪里。

我还清晰地记得在2015年我当时的领导对我说，现在股市又到牛市了，你别去买房子，应该将这笔钱投入股市。然而，彼时已经有了6~7年投资认知的我，早已能分辨清楚：牛市是股民最容易赔钱的时刻，是一件胜率很低的事情；而当时的房地产低迷，又有公积金政策信号的释放，显然胜率更高。而这一切关于财富的认知，都是从2008年、2009年的首步行动开始积累的。

所以，如果你也想从现在开始积累某一方面的认知，也可以从首步行动开始。

涌现法则：用一个公式，成为你要的样子

还记得我们之前讲过的妈妈与女儿的故事吗？妈妈随手拍一张女儿的照片是稀松平常的事，但每天拍1张，最终形成6000多张女儿每天长大一点点的照片集就不简单了，放在一起就是一场令人侧目的摄影展。写一篇读书笔记然后把它录制成音频稍难一些，但每周录1篇，每年录50篇，6年录成300篇，集合在一起就是一个质量越来越好、粉丝越来越多的拆书节目。出版1本书传播人类智慧有难度，如果每年出版1本，花40~50年出版50本书，叠加起来使之著作等身，就是一件对个人和社会都非常有意义、值得去做的事情。

没错，任何人把任何一个黄金行为不断地去重复以克服熵增，这些黄金行为最终形成的结果集合在一起，在同一时间大量出现，就能蜕变成为涌现。

个人涌现的时代已来

当然，每个人的偏好都是不一样的，这就导致了每个人的目标也会不一样。有些人会选择成为企业管理者、领导者，他们有天赋和运气跻身高管之列，在一路狂奔中披荆斩棘。这条路未必适合你，因为在这个时代，它并非唯一的路径。

除了前几年在公众号上依靠周更、日更文章，积累了几十万、上百万粉丝的公众号博主，个体在一些特定领域里涌现的例子还有很多。

我在短视频App上刷到过一位摄影博主，他每次都会举起单反，拍摄下晚上做炒饭的小贩、在车上吃冷馒头的女出租车司机、在寒冷的夜里卖鲜花的女孩等。

他会把他拍下的照片用即时打印装置以彩色打印出来，装裱在相框里当作礼物送给这些人。这位摄影博主的人像摄影水平很不错，收到这份礼物的人通常都会爱不释手。

这种传递人间温暖的短视频最前面的十几期的点赞数量虽然有限，但随着他后续的内容越来越丰富，到目前为止已经拥有了上百万粉丝。这样的短视频就算不接商业广告，仅依靠播放量的收益也不容小觑。

更何况该摄影博主不仅在做自己擅长和喜欢的事情，同时还传递了社会正能量，甚至他还与那位卖鲜花的女孩擦出了爱情火花。

还有一个广东厨师，每次都会教别人做一道家常菜。由于品类繁多、教学步骤简单，我会把喜欢的菜点赞收藏起来，周末不知道要做什么的时候就打开短视频依样画葫芦地做，做出来的小菜也让妻子和孩子赞不绝口。这位厨师的粉丝也早已超过百万。估计与我有差不多动机的人一点也不少。

更有开着房车四处游玩的旅行博主、教你生活小技巧的生活博主、向你分享各类知识内容的知识博主等。

未来学大神凯文·凯利在《技术元素》里讲到过一个叫作1000个铁杆粉丝的理论：假如你有1000个铁杆粉丝，这些人愿意每年在你身上投入100美元，那你每年就将拥有10万美元的收入，足够一个普通人活下去。

而这就是个人涌现最现实的效果，它能在技能的纯熟度和财务这两方面同时支持你，让你成为你想要的样子。

如何实现个人涌现——核心人生算法

得到公司创始人罗振宇曾经在一次跨年演讲中提到过一个公式：

成就＝核心人生算法 × 大量重复[2]

核心人生算法是什么？其实，这部分我们已经在最开始的认知负熵里反复强调过，它是根据你的长期目标拆解出来的路径和策略。当然，这些路径和策略能否直指目标，也要分析其中的胜率、赔率和下注比率，必要时还需要通过复盘对路径和策略做调整。比如我们都喜欢事半功倍，希望抓住红利，但什么样的人才能抓住红利呢？

首先，他需要理解人们的需求。

我们都知道，人们的需求可以被三类价值满足：功能价值、情绪价值和社交价值。

功能价值是指我们获得这种价值后可以完成某个具体任务。比如，我之所以收藏美食博主的烧菜短视频，是为了完成周末给妻子和孩子烧出一桌好菜的任务。

情绪价值则是给人带来美好感受、能唤起某种正面情绪的价值。摄影博主给社会底层的劳动人民拍出高颜值照片，并用相框装裱好送给对方，就能显著唤醒观众心里的正面能量，让人感叹人间自有真情在，给人良好的情绪体验。

社交价值是可以在社交场合令自我感觉变得更加良好的价值。例如知识博主把时下热门的话题以一种充满高级感的方式拆解给你听，你学会了之后也可以将其在社交场合作为谈资，这就是一种具有典型社交价值的内容。

除了要理解需求，还要弄清市场的供给，厘清自己所产生的价值是否稀缺。红利是指市场短暂的供需不平衡，这种不平衡就给了价值的提供方机会，让需求向暂时稀缺的地方涌来。

这也很好理解。我们还是以拍了6000多张女儿照片的妈妈为例。如果在这位母亲的小城镇，所有父母都有为孩子每天拍一张照片的传统，以至每个家庭都有能力晒出6000多张自家孩子从小婴儿到18岁成年的照片，那这位母亲的摄影展是否还足以吸引别人的注意力呢？

所以，核心人生算法在胜率层面既要考虑需求，还要考虑供给。只有在存在大量需求且供给又很少的地方做功，抓住红利的算法才得以成立。

不过就像前面说的，红利只是供需短暂的不平衡，任何红利随着时间的推移都可能由于某类需求的供给方的大量出现而消失。比如曾经很火的“7分钟看完一部电影”系列的短视频，短视频制作者自己把一部电影看完后，根据其中的脉络进行精华剪辑，再配上自己的解读，让观众得以在很短的时间里就了解一部电影的七七八八，这种形式确实火过一阵。但随着同质化产品的大量出现，红利逐渐消失，继而供需达到平衡态，甚至供给大于需求，因而这项算法越到后来越会趋于平庸，无法称为核心算法。

已故链家创始人左晖曾经说过一句令人振聋发聩的话："做难而正确的事情。"难意味着稀缺，正确意味着需求长存，难而正确的事才是真正有效的核心人生算法。

如何实现个人涌现——大量重复

那么作为个人，你要怎么去选择"难而正确的事情"呢？

现在我们构想一个场景。在100年后，当后人在回忆你的时候，你希望自己被评价为：一个高级打工者，曾经年入百万，开豪车，住豪宅，一个××产品的创始人，凭借当时脑洞大开的想法，改变了无数人的生活方式；还是一个出版书的作家，鼓舞、激励了无数人找到并践行自我的涌现。

正是这种思维框架能够帮助你有效找到对你来说"难而正确的事情"，找到了之后，接下来就是"大量重复^2"。

在这个平方号第一次出现的时候，一定会有人好奇，为什么要打上平方号呢？因为我们知道大于1的数计算平方，数会变大，比如$1.1^2=1.21$，$1.2^2=1.44$；但如果小于1则会变小，如$0.9^2=0.81$，$0.8^2=0.64$。所以，大量重复的对象必须大于1，必须有质量。

你可能会觉得这种说法与“先完成，再完美”矛盾，不过事实上，这里的大于1是指你每一次的重复不能只是简单地重复，而是需要在每一次的重复中比前一次更有质量。

这就需要你不仅把人类行为模型B=MAT践行在重复的过程中，使之变成毫不费力去做的行动，而且还需要你学会“自讨苦吃”，花费力气在每一次的重复中引入外部能量（新知识、新经验、新玩法）做功，让每一次的重复都能获得超出别人期望的认可，也就是口碑。

刘润老师曾说，金杯银杯，不如用户的口碑。不奔向口碑，而选择走容易走的路，在平衡态中简单重复，这些都是下坡路。

路分两种，“宽门”与“窄门”。有些人选择走容易走的“宽门”，比如靠投机取巧、靠那些无法获得别人发自内心认同的方式获利，一开始容易，但他的路只会越走越窄。而另一些每次逼着自己进步一点的人，选择走难走的“窄门”，靠能力积累、靠产品打磨、靠为社会创造价值获利，这些人的路则会越走越宽。

所以，“大量重复[2]”意味着我们要不断打破平衡态，用行动去做负熵，不断在践行人生核心算法的过程中去做更难的事情，输出更有质量的结果。

克服熵增定律，找到并在专属于你的“难而正确的事情”上反复做功，把结果叠加起来，在同一时间大量出现，继而实现你个人的涌现！

种一棵树最好的时间是十年前，其次是现在。

让我们从现在开始，做难而正确的事情，因为难走的路从不拥挤。

最后，希望本书的交流只是我们成就彼此的开始，因为人生所有的修炼都只为在更高的地方遇见你。

祝负熵前行，早日成为你期待的样子！

致 谢

本书到这里就要告一段落了。

这本书里六大负熵的方法论不仅是我自己的知识和经验，还是我在践行负熵的路上，那些外部能量，包括书籍、老师等注入给我的。这些方法论帮助我逐渐累积、成长，最终成为现在的模样。所以我希望阅读本书的读者也能把这些内容真正地践行起来，并且有朝一日传播给别人，帮助更多的人成为自己想要的样子。

在此，请允许我首先感谢我的爱人王怡女士和儿子何昊伦小朋友，你们在情绪负熵、沟通负熵等方面给了我很多启示，给予我很多践行的机会。

其次，感谢出版社的编辑老师和我的朋友们在我撰写这本书时给我提出的建议以及给予我的支持。

最后，感谢和祝福读到这里的你，祝福你持续以负熵为生，不断践行。

同时，我也想用《瓦尔登湖》中我喜欢的一句话来作为这本书的结尾："当你实现你的梦想的时候，关键并不是你得到什么，而是在追求的过程中你变成了什么样的人。"

谢谢各位！